COLECCIONES

Ejecutiva
Superación personal
Salud y belleza
Familia
Literatura infantil y juvenil
Con los pelos de punta
Pequeños valientes
¡Que la fuerza te acompañe!
Juegos y acertijos
Manualidades
Cultural
Espiritual
Medicina alternativa
Computación
Didáctica
New Age
Esoterismo
Humorismo
Interés general
Compendios de bolsillo
Aura
Cocina
Tecniciencia
Visual
Arkano
Extassy

Nicki Santini

Piensa en GRANDE

Obra publicada inicialmente con el título de:
"Sepérate y sonríe"

SELECTOR

actualidad editorial

Doctor Erazo 120
Colonia Doctores   **Tel. 55 88 72 72**
México 06720, D.F.   **Fax: 57 61 57 16**

PIENSA EN GRANDE

Diseño de portada: Carlos Varela
Ilustración de interiores: Humberto Gonzálea

Copyright © 2000, Selector S.A. de C.V.
Derechos de edición reservados para el mundo

ISBN: 970-643-284-1

Quinta reimpresión. Julio de 2005.

NI UNA FOTOCOPIA MÁS

Características tipográficas aseguradas conforme a la ley.
Prohibida la reproducción parcial o total de la obra
sin autorizacción de los editores.
Impreso y encuadernado en México.
Printed and bound in Mexico.

Introducción

Reconocidos especialistas han escrito decenas de estupendos tratados referentes a la superación personal; omitimos nombres porque obviamente nos resultaría difícil mencionar a los más sobresalientes, toda vez que la mayoría son auténticos maestros en la materia.

Los títulos de libros al respecto, tan variados y sugestivos, como la excelencia de sus textos y contenido, han traído en consecuencia un éxito total dado que sus ediciones sobrepasan los 50 mil ejemplares.

Mas, sin lugar a duda, siempre queda por ahí un hueco pendiente de llenar, el cual pretendemos cubrir ahora con este trabajo.

Los temas aquí desarrollados distan mucho de tecnicismos o de estudios pormenorizados; por el contrario, están escritos en la forma más sencilla, entendible y llana, quizá un tanto reiterativa, pero a cambio, práctica y amena.

Dejamos entonces a tu alcance este libro; seguramente hallarás agradable y descansada su lectura, pues encierra acertados conceptos para superarte más, y chispeantes detalles para sonreír con beneplácito.

Henry Mill fue un joven tan entusiasta que, sabiendo escribir, inventó la máquina de escribir.

YO TAMBIÉN TRAIGO MI INVENTO

¡Siempre!

Debemos siempre ser sanos, valerosos y razonables.
Dar auxilio, seguridad y ánimo.
Tener amabilidad, calma y sencillez.
Ganar simpatía, amistad y aprecio.
Corresponder la atención, el afecto y la confianza.
Cultivar la lectura, el arte y la sabiduría.
Promover la enseñanza, la responsabilidad y la honradez.
Prodigar el saber, la bondad y el amor.
Ensalzar el trabajo, la presteza y la constancia.
Motivar el talento, la imaginación y la prosperidad.
Combatir la ignorancia, la pobreza y la insalubridad.
Desechar la pereza, la indolencia y la mentira.
Dominar la angustia, el temor y la tristeza.

Olvidar el odio, el rencor y la venganza.

Despreciar la arrogancia, la ingratitud y la crueldad.

Apoyar la verdad, la equidad y la lealtad.

Conquistar la libertad, la integridad y la justicia.

Mantener el entusiasmo, el optimismo y la alegría.

Superarnos mental, física y económicamente.

¡SIEMPRE!

—Yo siempre fui un vanidoso incorregible y presumido, pero rectifiqué.

—¿Y ahora?

—He cambiado mucho; ahora soy un tipo simpático, sencillo y modesto.

Optimismo

El optimismo es como una lente mágica con la que todo lo podemos transformar para verlo más fácil y realizable.

Para una persona optimista no existen las sorpresas porque ve el futuro siempre seguro y atractivo, aun ignorando cómo habrá de presentarse.

Las personas optimistas son positivas en grado extremo; en tanto que las pesimistas son exageradamente negativas.

Se construía un elevado **edificio**, cuando de pronto uno de los trabajadores perdió el **equilibrio** y cayó al vacío desde gran altura, empero, mientras iba **cayendo**, el hombre exclamó:

¡ HASTA AHORITA TODO ESTÁ BIEN !

Esto quiere decir que, **mientras** no toquemos fondo, en tanto haya una esperanza, no **debemos** preocuparnos porque puede llegar la solución en **el último** instante.

Cuando una persona es **optimista**, el día de inmediato se le presenta luminoso, aunque **amanezca** gris, porque el optimismo es color y luz, es **energía**, es un poderoso aditivo mental del que podemos **valernos** cotidianamente para hacerle frente a la vida cuando **las** circunstancias nos sean adversas.

El gerente de una **importante** compañía fabricante de ropa encontró una mañana **a su** jefe de talleres muy feliz y sonriente, por lo que, molesto, **le** preguntó:

Ya lo vieron, hay que ser optimista, aprendamos a ver todo por el lado favorable, pues nada aventajamos con caer en el nefasto pesimismo que mantiene a las personas tristes e inactivas.

Un anciano de 80 años, tuvo a bien contraer matrimonio con una hermosa joven de apenas 20 primaveras; ya estando en los brindis por la boda, alguien se le acercó e irónicamente le comentó:

Sin embargo, el optimismo no ha de servirnos jamás para mofarnos de una situación **grave**, o para ver los acontecimientos con ligerezas e irreflexivamente, no; ser optimista es saber aceptar los hechos con tranquilidad y, cuando sean verdaderamente desafortunados, desgracias o problemas sin solución, entonces meditar positivamente a fin de poder enfrentar las vicisitudes con entereza y **buen** juicio.

Ahora bien, ¿cómo poder colmarse de optimismo cada mañana? Muy fácilmente: primero, en cuanto despertamos, debemos pensar positivamente, creer firmemente que todo el día resultará bueno para nosotros y los que nos rodean. Abrigando este pensamiento, nos damos un refrescante baño, nos acicalamos debidamente, tarareamos nuestra canción favorita, escuchamos música, si hay tiempo leemos algo agradable, quizá podamos regar el jardín, consentir a un animalito, dar amor a un semejante, es decir, llenarnos de color, luz y energía. Con esta actitud positiva, podremos gustosos iniciar nuestras diarias labores con optimismo.

He aquí un episodio, ocurrido durante la segunda guerra mundial, que nos marca un ejemplo de optimismo en grado superlativo:

Tres comandos ingleses fueron hechos prisioneros y llevados al paredón para ser ejecutados; tranquilos, ante el muro de fusilamiento escucharon las palabras de:

— ¡Preparen!... ¡Apunten!...

Y antes de que se oyera ¡Fuego!, uno de ellos gritó a sus compañeros:

— ¡Muchachos, tengo un plan!

¡Jamás debemos desanimarnos!, mantengamos constantemente el optimismo para vivir toda vez que las dificultades siempre estarán al acecho, algunas tendrán solución, otras

no; empero, cuando las circunstancias se nos presenten difíciles, cuando tengamos la sensación de que el cielo se nos viene encima y ya no tenemos salida, recordemos el formidable adagio italiano que reza;

"Para que las cosas mejoren, tienen que empeorar."

La vida es como un oleaje de mar, es un constante vaivén que nos presenta días calurosos y frescos; secos y lluviosos; tristes y alegres. Por ello debemos aprovechar y vivir intensamente los días "buenos" y los "malos" barnizándolos de entusiasmo y cubriéndolos con el hermoso color del optimismo.

"Ser optimista es poder quebrar nueces sin tener dientes."

La oportunidad

El hombre con imaginación siempre encuentra la oportunidad. Esto es una verdad, cientos de espléndidas oportunidades se ofrecen diariamente a personas con imaginación y mente despejada. Es obvio que no todos poseemos la cualidad de la inventiva como Leonardo da Vinci, que realizó la teoría del helicóptero y de los primeros paracaídas, o como Samuel Morse, creador del telégrafo, o la de Alexander Bell que concibió y logró el teléfono; tampoco tenemos la misma calidad para crear obras de arte como la de Miguel Ángel o Rafael, pero es definitivo que todos podemos hacer grandes las pequeñas y comunes oportunidades que se nos presenten. Dice el filósofo Disraeli: "En la existencia humana, el secreto del triunfo consiste en estar dispuestos para aprovechar las oportunidades que se nos ofrezcan."

Hay una fábula referente a una mujer que desde temprana edad se vio precisada a fregar pisos para ganarse el sustento diario. Y se cuenta que un día cuando limpiaba el cuartucho donde vivía en una casa en la cual trabajaba, al destruir un viejo abrigo para hacer trapos, encontró entre la tela y el forro un brazalete de oro adornado con piedras preciosas. Nunca imaginó en el transcurso de sus angustiosos años, que en su propia habitación tenía millares de pesos, que era lo que aquella alhaja valía.

De igual forma, muchas personas que se sienten desvalidas y viven en la pobreza, tendrían lo necesario si supieran encontrar o descubrir las oportunidades que se hallan frente a ellas, pero van por el camino de la vida y únicamente ven piedrecillas en donde otras más avisadas encuentran diamantes.

Así es, querido amigo, la oportunidad está enfrente de ti, quizá tengas que escarbar un poco para encontrarla o, a lo mejor, sólo es cuestión de remover unos escombros, tal vez deberás hacer un gran esfuerzo para tomarla, mas una vez en tus manos, la podrás aprovechar para que disfrutes todos los beneficios que te depara.

El comandante de una nave espacial percibe un problema en el sistema de oxígeno e inmediatamente dice a su tripulación consistente en un rubio, un pelirrojo y un negro:

— ¡Muchachos, el oxígeno está fallando!, uno de ustedes tendrá que sacrificarse y abandonar la nave, yo no porque soy el jefe; pero los tres recibirán una oportunidad para salvar su vida; les haré una pregunta a cada uno, y el que no me dé la respuesta correcta, quedará obligado a dar la vida por los demás arrojándose al vacío.

Acto seguido se dirige al rubio y pregunta:

— Dime, Jeferson, ¿en qué año naufragó el trasatlántico Titanic?

— El Titanic se hundió en 1912, capitán.

— ¡Correcto!, ya salvaste tu vida. ¿Cuántas personas perecieron, Lowell?, preguntó al pelirrojo.

— Mil quinientas setenta y seis, comandante.

— ¡Afirmativo!, ahora tú, negro insensato, dime sus nombres y domicilios...

Todos tenemos oportunidades para salir de la pequeñez y alcanzar la cumbre de nuestras aspiraciones, en determinadas ocasiones se nos presentan abiertamente y debemos aprovecharlas rápidamente, poniendo en ello toda nuestra voluntad y capacidad; este esfuerzo y dedicación nos dará la sorpresa de sentir que nos hemos superado y de tener la seguridad de que estamos en posibilidad de hacer fortuna si encontramos la forma de satisfacer alguna urgente necesidad, o hallamos cualquier material u objeto, o discurrimos algo que resulte de utilidad y contribuya al mejoramiento de nuestros semejantes.

Insisto, las oportunidades siempre están en torno nuestro esperando a que las tomemos para servirnos de ellas. Aprendamos a usar los ojos de la imaginación para poder verlas y aprovecharlas convenientemente.

¡Bríndate!

Si abrigas un bello pensamiento no te quedes con él, manifiéstalo.

Si tienes oportunidad de componer un poema, escríbelo y obséquialo.

Si deseas cantar una canción, cántala y sé feliz.

Si unas lágrimas asoman a tus ojos, déjalas brotar, desahógate.

Si te viene el deseo de reír, ríe y contagia tu alegría.

Si ansías tener algo y puedes poseerlo, adquiérelo y disfrútalo.

Si puedes brindar ayuda a un semejante, dala toda, no te limites.

Si vas a dar un consejo, mejor sugiere, para no equivocarte.

Si tienes animales no los maltrates, protégelos.

Si anhelas un mundo más hermoso, cuida la naturaleza.

Si hay un niño a quien puedas educar, cuídalo hasta hacerlo hombre.

Si tienes un sueño, hazlo realidad esforzándote más y siendo digno.

Si en verdad quieres ser feliz, ésta es la fórmula:

¡Sé auténtico! ¡Sé natural! ¡Sé sincero! ¡Sé bondadoso! ¡Sé genuino! ¡Bríndate para que seas feliz!

Brindis y crisis
A propósito de brindar, con la actual crisis ahora los toreros en vez de decir: ¡Brindo este toro!, mejor dicen: ¡Vendo este toro!

El tiempo

Un pensamiento anónimo, referente al concepto que puede tenerse de lo que significa tiempo, dice así: "La pérdida de un instante no puede resarcirse ni con toda la eternidad."

Comprendiendo la profunda intención de estas palabras, entenderemos por qué algunas personas, pocas por cierto, aprovechan al máximo sus días, sus horas, minutos y segundos.

En cierta población había un hombre que nunca hacía nada para ganarse el sustento, únicamente se la pasaba pidiendo y pidiendo dinero a todo aquel que se le atravesaba hasta que, muy a su pesar, todas las puertas terminaron cerrándosele, por lo que no tuvo otro camino que clamar a Dios:

Si consideráramos seriamente el enorme "valor" del tiempo, nos sorprenderíamos de cuánto se puede hacer en un momento, en un minuto; podemos leer la página de un libro, sembrar un árbol, elevar un moderno avión, explotar una bomba nuclear, cerrar un buen negocio; en un momento pueden perderse muchas vidas y llegar otras.

Recientes estadísticas afirman que el promedio actual de vida es de 70 años, los que, traducidos en días, dan un total de apenas 25 500. No obstante tan corta vida de que disponemos, esta brevísima existencia es despilfarrada por grandes mayorías inventando días festivos para no trabajar, arreglando el mundo en las cantinas, resolviendo crucigramas en cafeterías, peleando enfurecidos por el fútbol y llorando cual Magdalena con las telenovelas.

¡Precioso tiempo desperdiciado como si dispusiéramos de toneladas de él en alguna bodega comercial!

Hay un cuento acerca de un muchacho que todo su tiempo lo perdía jugando al fútbol en la calle; no hacía más que jugar fútbol, por lo que en cierta ocasión en que su padre lo encontró leyendo un libro, admirado exclamó:

Constantemente olvidamos que nuestro tiempo es mínimo, que se nos va a terminar prontamente y que en ninguna parte, a ningún precio, ni aun con la influencia del presidente en turno, vamos a poder conseguir "otro poquito". ¡Nada, se nos termina, y ya!

En Oxford, Inglaterra, hay un reloj de sol con la siguiente inscripción: "Pasan las horas y caen en nuestra cuenta." Y así es en efecto; el ferrocarril de nuestra vida corre veloz, ¿cuándo y en cuál estación se detendrá?

Un hombre se hallaba muy grave en el hospital, cuando escuchó a sus médicos discutir:

De modo que, sin angustiarnos (porque las angustias provocan infartos y no tenemos tiempo para eso), intentemos extraerle todo el jugo posible al escaso tiempo del que disponemos; ya sea estudiando, trabajando, esforzándonos para ser mejores, descansando merecidamente, disfrutando unas bien ganadas vacaciones o, si es posible, haciendo el amor con nuestra pareja (con nadie más porque por allí anda el SIDA vigilándonos).

Cuentan que Benjamín Franklin apresuraba a uno de sus empleados diciéndole:

— ¡Apúrate porque el tiempo es oro!

Con seguridad que el distinguido señor tenía complejo de minero porque el oro tiene un precio y el tiempo es invaluable. Un reloj de oro puede tener cierto valor, pero al reloj más fino y exacto el tiempo le acaba su calidad y precisión porque el tiempo es implacable; no perdona nada ni a nadie. Insistimos, un reloj podemos obsequiarlo o perderlo, y lo recuperamos, el tiempo jamás; pasa constantemente de día y de noche sobre nosotros sin que podamos alcanzarlo para guardarlo.

El tiempo es eternidad, es imposible querer ahorrarlo, por esta razón, cuando las cosas se llevan más tiempo del necesario ya se fastidió todo.

Un periodista extranjero llegó a la ciudad de México y de inmediato preguntó:

Hay personas que se hacen trampa solas y acostumbran adelantar su reloj con la infantil idea de que en esa forma les alcanzará su tiempo; truco bobo que invariablemente falla, pues, a sabiendas de que están adelantados, creen que todavía tienen tiempo y frecuentemente quedan mal por informales.

Nuestro tiempo podemos aprovecharlo o derrocharlo, pero nunca hallaremos un sistema para almacenarlo, salvo con dos excepciones; en una película de ciencia ficción, o tragándonos las hojas del calendario, lo cual ni un fakir loco lo intentaría, ¡y menos aún si el calendario es electrónico!

Así que será mejor que utilicemos nuestro tiempo racionalmente; como si fuese un litro de agua del que únicamente dispusiéramos para atravesar un gran desierto. Procediendo de esta manera, nunca más volveremos a excusarnos con aquello de:

"Es que no me alcanzó el tiempo."

En una empresa importante, el encargado del archivo pasaba sus horas de trabajo leyendo la nota roja de los diarios en lugar de atender sus tareas. Cierto día un compañero de oficina lo encontró muy activo cumpliendo con la faena, por lo que extrañado le preguntó:

Entonces, concluimos: si piensas que todavía te sobra tiempo para hacer lo que tienes que hacer, la verdad es que ya se te hizo tarde; si hoy no hiciste lo que tenías que hacer ayer, tampoco lo harás mañana. Empieza ahorita mismo porque allí viene el tiempo atrás de ti.

¡Tú eres tu tiempo y tu tiempo es hoy!

¿Cumples contigo?

Una acertada máxima del Barón de Holbach señala lo siguiente: "El hombre que no reflexiona no tiene tiempo de juzgarse a sí mismo."

Lo anterior nos sugiere que debemos reflexionar constantemente a fin de conducirnos mejor, pues, en consecuencia, estaremos superándonos más y más.

No se pretende que lleguemos a la perfección, toda vez que la misma naturaleza se ha llevado centurias formando su obra maestra llamada hombre, y aún no termina, empero, siempre podemos y debemos hacer algo más para ayudarnos y así evitar que nuestras vidas naufraguen.

Ahora bien, si consideras que trabajas demasiado y que los resultados económicos son mínimos, o has notado que todo tu esfuerzo se reduce a cero no obstante que crees esmerarte en tus haberes; si piensas que mereces una vida con más

satisfactores o compensaciones y no lo consigues, en algo
estás fallando, entonces, evita ya causarte mayor daño; analiza, reflexiona y contéstate honestamente lo siguiente:

¿Estoy siendo puntual en mis citas y compromisos?
¿Me presento debidamente vestido y aseado?
¿Me expreso evitando palabras malsonantes?
¿Me doy tiempo para estudiar y aprender más?
¿Hago lo debido para lograr una mejor posición?
¿He llegado con aliento alcohólico a mis citas o al trabajo?
¿Me muestro animoso y motivado ante la gente?
¿Permito que otras personas den sus opiniones?
¿Es mi aspecto de cansancio y desánimo?
¿Pido favores constantemente?
¿Gasto más de lo que gano?
¿Hablo mal de mis semejantes?
¿Platico de mis males a todo mundo?

Debes responder con la verdad a estas interrogantes,
de no ser así, no estás cumpliendo contigo, por lo cual de
inmediato tendrás que corregir tus errores, de otra forma
corres el riesgo de caer por la cuesta del fracaso.

Había un niño que, aun siendo sobresaliente en sus estudios, constantemente se presentaba a la escuela mal vestido y sucio, así que un día la profesora mandó a su mamá el
mensaje siguiente:

"Señora, no puedo continuar recibiendo a su hijo en mi
clase porque huele muy mal."

Inmediatamente la madre del muchacho contestó:

"Maestra, yo le mando a mi hijo para que lo enseñe, no
para que lo huela."

El ejemplo es jocoso, pero podemos apreciar que tanto la madre como el muchacho estaban fallando y que el estudiante corría el peligro de perder su instrucción a pesar de ser un buen alumno.

Mi abuela solía decir: "Haz lo que tienes qué hacer y deja al mundo rodar", esto es muy recomendable, me parece, pues, lo único que debemos de hacer es nuestra diaria tarea; no habrá de interesarnos si el mundo nos aplaude o nos silba, sino simplemente hacerlo bien, es decir, cumplir con nosotros, las recompensas vendrán a su tiempo.

Cumple pues contigo, no falles ni te vanaglories creyendo que todo lo haces a la perfección, será más conveniente que medites y actúes debidamente para tener la seguridad de que te esfuerzas por superarte, de este modo tendrás más oportunidades de ser un triunfador porque estarás cumpliendo contigo, para ti mismo.

Esta es la historia de un viejo empleado que fue llamado a la gerencia de la empresa en donde prestaba sus servicios como cajero:

— ¿Me mandó usted llamar, señor?

— Sí, don Severiano, tengo entendido que usted ha trabajado ya 50 años en esta compañía, ¿cierto?

— Sí, señor, así es, hace ya medio siglo que llegué por aquí.

— Pues quiero felicitarlo porque he revisado su expediente y jamás ha llegado tarde, siempre ha venido impecablemente vestido, es muy limpio en su trabajo, nunca se expresa mal ni se enoja con nadie, tampoco se queja e invariablemente se mantiene de buen humor, ¿cierto?

— Bueno, usted lo ha dicho, señor...

— Sí, don Severiano, y en vista de su excelente comportamiento y siendo usted un hombre tan cumplido y esmerado en todo, la empresa le entrega por mi conducto este cheque de 100 mil nuevos pesos.

— ¿Cien mil nuevos pesos? ¡Muchas gracias, señor, gracias de verdad!

—... Y si se comporta igual durante los próximos 50 años, se lo firmamos para que pueda cobrarlo.

"Ya sabes que naciste, ahora investiga para qué..."

Prioridades

Parodiando a Lamartine, comienzo el siguiente tema con esta sentencia:

"En su propio orden todo va bien, todo está bien y todo resultará bien."

Sí, todo debe hacerse en su momento, porque, si lo meditamos, encontraremos que en muchas ocasiones hacemos algo

que podía esperar un poco más y retrasamos los asuntos que
eran menester resolver ya, cuando la lógica indica que el 1
antecede al 2.

Actualmente se pueden ver a decenas de personas con
su agenda electrónica en la que llevan un registro de todo
cuanto deben hacer durante las horas de cada día; pero,
generalmente, siempre están angustiadas porque, aun con el
moderno sistema de organización, no alcanzan a resolver los
asuntos del día, quizá porque no los apuntaron en un orden
prioritario.

Mi padre, que fue un hombre extremadamente práctico,
con frecuencia me repetía: "No malgastes tu energía, organízate procurando resolver únicamente los asuntos de cada
día." Y para ello me enseñó un sistema muy sencillo a fin de
que mi tiempo rindiera más y consecuentemente mis días
resultaran descansados y productivos a la vez.

Este método lo he practicado invariablemente y me ha
proporcionado excelentes resultados; así que, con gusto lo
expongo ahora con la intención, claro está, de que lo pongan
a funcionar de inmediato; les aliviará sus diarios compromisos.

Bien, en una hoja anoto todos los asuntos por resolver,
incluido el que parezca de menor importancia; enseguida
marco con rojo los que considero urgentes, con verde subra-
yo los que pueden esperar para mañana y con amarillo quedan señalados los que todavía aguantan un plazo razonable.
Luego tomo otra hoja limpia y allí transcribo los que marqué
con rojo enumerándolos del uno al 10 según su importancia
y calculando el tiempo que me llevará atender cada uno;
posteriormente llevo a efecto esa lista y así lo repito cotidianamente.

Casi siempre lo arreglo todo, y si queda algo sin solución será *peccata minuta*, en esta forma voy descartando problemas y, debido a tan simple fórmula, jamás me siento presionado ni estoy angustiado, y hasta puedo exclamar feliz: ¡Hice todo lo que tenía que hacer y me sobró tiempo!

Un hombre se introduce en un departamento con intenciones de robo; estando en plena faena escucha pasos, por lo que rápidamente se esconde dentro de un ropero sin reparar que ha quedado atrapado. Segundos después se escuchan gritos:

— ¡Fuego en el edificio, fuego, fuera todos, primero las mujeres y los niños!

Y entonces el ladrón, sintiéndose atrapado, grita angustiado:

¡NO, POR FAVOR PRIMERO SAQUEN EL ROPERO!

Así pues, enlistemos debidamente lo que debemos hacer cada día, empezando por lo más urgente o necesario; comprobaremos entonces que nuestros asuntos se resolverán oportunamente y que nuestros días transcurrirán con menos ansiedad o, mejor dicho, más tranquilos.

Organízate y rinde más, no hagas hoy lo que puedes hacer mañana, ni dejes para mañana lo que debes hacer hoy.

La puntualidad

En cierta ocasión, una señora llegó en el mes de enero a la casa de su hija diciendo que llegaba para pasar la Navidad con ella, por lo que la joven sorprendida exclamó:

Si podemos aceptar que la puntualidad es privilegio de los dioses, debemos tomarla entonces como una religión.

Es en verdad muy importante que seamos puntuales en nuestras citas y compromisos; tomar conciencia de que, cuando llegamos tarde, fastidiamos la vida de terceras personas y nos causamos serios trastornos sociales y económicos a nosotros mismos.

La puntualidad debe ser para todos un auténtico código de honor; una gran responsabilidad ineludible, un serio compromiso que no debemos esquivar. No es difícil ser puntual, lo complicado es acostumbrarnos a la impuntualidad, porque, entonces, comienzan los problemas y sus consecuencias inmediatas.

Ocasiones habrá en las que quizá se justifique llegar tarde; un novio, por ejemplo, pudiera pensarlo un poco y retrasarse para la boda o no llegar jamás, pero ya estando en el lecho nupcial será muy malo que "llegue" tarde… Tampoco será importante ser puntuales a la hora de morir; si ya no hay remedio, no tenemos por qué fallecer puntualmente, podemos retrasarnos un par de años o 10 más.

Pero, ¿por qué siempre llegamos tarde al trabajo y somos tan puntuales a la hora de salir?, deberíamos de ser honestos y en ambos casos observar puntualidad; no caer en el caso de aquel burócrata al que su jefe le llamó la atención diciéndole:

¡Tú no entiendes, Mendoza, invariablemente llegas después que todos!

— Así es, jefe, pero tome usted en cuenta que siempre me voy antes.

Ser puntuales, significa que sabemos aprovechar bien y debidamente las 24 horas de cada día, dándole su valor a cada segundo y minuto de esas horas.

Los británicos, que presumen de ser muy puntuales, no siempre lo fueron; me parece que, precisamente por haber llegado tarde cuando la Tierra fue repartida, ...sólo les tocó una isla con apenas 218 kilómetros cuadrados; si hubiesen llegado puntualmente, jamás habrían tenido necesidad de andar por allí causando destrozos con guerras de invasión para hacerse de más territorios.

Definitivamente no deben existir excusas por llegar tarde a los compromisos o citas que hayamos concertado.

Un empleado llegó a su oficina con bastante retraso y, por tal motivo, su jefe le reclamó enérgico:

— ¿Qué pasó con usted? ¿Por qué se le hizo tarde esta vez?

— Es que me caí del autobús, señor...

— ¡No me venga con ese cuento!, caerse del autobús a nadie le lleva tres horas.

Millones de personas fracasan y sus vidas son un chasco porque nunca llegan a la hora señalada; son impuntuales en todo y con todos y, por ese terrible defecto, nadie les tiene

confianza ni las toma en cuenta, se vuelven inservibles porque no hay quién les proponga ni ofrezca nada, ya que una
persona impuntual es como un reloj descompuesto, jamás
indica la hora exacta, no puede ser confiable; por eso el reloj
suele ser desechado y la persona impuntual ignorada. ¡Qué
desperdicio de reloj y qué desgracia de persona!

Acostumbrémonos a observar puntualidad y pocas serán
las ocasiones en que tengamos que justificar nuestros retra-
sos; de otra forma, siempre serán pretextos los que expon-
dremos por nuestra falta de seriedad, sin faltar obviamente,
el más bobo y gastado: "Es que se me hizo tarde."

Después del juicio, un hombre fue sentenciado a 25 años de prisión por un grave delito que había cometido, de modo que, al escuchar el veredicto, se acercó a su abogado y le pidió suplicante:

Uno de mis excelentes profesores de escuela primaria, (al que por exagerado le apodábamos el "Minuto"), cotidianamente nos recomendaba:

— ¡No quiero excusas por llegar tarde, no me obliguen a impedirles el acceso a clases! —y agregaba irónicamente: ya saben que no les perdono ni un minuto de retraso porque en un minuto embarazaron a mi hermana.

Tuve un compañero en una fábrica de pinturas que frecuentemente llegaba tarde, y su excusa favorita era la de que un familiar había fallecido; nunca le faltaba un allegado "a quién matar" como pretexto para justificar su impuntualidad;

lo mismo sepultaba a un tío que a su abuela o a la suegra, hasta que un día, ya fastidiado, el jefe explotó y colérico le dijo:

Bien, finalizamos el tema insistiendo en esto; niños y jóvenes deben entender perfectamente el enorme valor de la puntualidad; deben también aprender a valorar su gran importancia para que, en su momento, cumplan puntual y debidamente con sus responsabilidades aceptando con firmeza que únicamente siendo puntuales saldrán airosos en sus vidas, y que mantengan la seguridad de que: ¡La puntualidad forja campeones!

LA PUNTUALIDAD FORJA CAMPEONES

La literatura

¿Ha sido capaz el hombre de crear algo más bello y perdurable que los libros?

¡No!, absolutamente nada de lo que ha hecho pudo soportar los embates de los acontecimientos y del tiempo.

Ciudades desaparecidas por las guerras, terremotos y huracanes que todo lo arrasan; excepto los libros, ¡fortalezas de cultura!

Civilizaciones que se pensaron eternas envejecieron perdiéndose para siempre en el infinito túnel del tiempo. Afortunadamente, los libros surgen gloriosos de la oscuridad brillando intensamente para brindarnos una fortificante esperanza por medio de maravillosos textos que iluminan nuevos caminos.

Los libros jamás envejecen, con su mágica y permanente juventud nos llenan de energía, de sabiduría y de sorprendentes conocimientos. Nos hablan del pasado, nos platican del presente y nos previenen para el futuro.

Así, entonces, juventud del mundo, mujeres y hombres del mañana, ¡bienvenidos los libros!, fuentes eternas del saber que le dan fuerza, entendimiento y sustento al espíritu.

¡Libros magníficos! ¡Corazones vitales!

¿Qué sería de la humanidad sin ellos?

> Si en verdad deseas sabiduría y placer, acostúmbrate a leer.

Libros y sonrisas

La ignorante mujer recorre una librería y de pronto exclama sorprendida:

— ¡Qué barbaridad, cuántos personajes tiene este libro, debe estar muy interesante!

— No, señora, eso no es libro, es el directorio telefónico.

Entra un elegante caballero a la librería y pregunta:

— Perdone, ¿tiene el libro titulado, "Cómo ser feliz en el matrimonio"?

— No, pero tengo uno titulado, "Cómo obtener el divorcio rápidamente".

Un destacado hombre de letras cruzaba el caudaloso río en una frágil lancha acompañado por un humilde campesino a quien preguntaba:

— ¿Sabes tú que los ríos desembocan en el mar?

— No, patrón, no lo sabía.

— Pues deberías de leer un poco y aprender. ¿Sabes acaso que las aguas de los ríos vienen de las montañas después de caer la lluvia?

— No, no lo sé.

— Pues ponte a leer un poco. ¿Y sabes que los ríos llevan agua dulce y que el mar tiene agua salada?

— No, señor, no lo sabía, ora ya lo supe.

— Por eso te digo que aprendas a leer, para que te enteres de las cosas y se te quite lo ignorante.

En ese momento la embarcación da un vuelco, caen los hombres al agua, el campesino se pone a salvo nadando y pregunta al literato que está a punto de ahogarse:

Capacitación y eficiencia

Un antiguo pensamiento dice así: "De ser zapatero remendón, quisiera ser orgullosamente el mejor. De ser hojalatero, sería el mejor para reparar una olla."

Estas palabras no significan otra cosa que la de ser eficaces en todo cuanto hagamos; es trabajar con esmero y acertadamente; saber corregir la falla en un motor si se es mecánico; construir un sólido edificio en el caso de ingeniería; ser el mejor cocinero para preparar exquisitas comidas; inclusive, saber barrer perfectamente una calle, es decir, realizar con excelencia cualquier tarea que nos sea encomendada, demostrando así que somos los mejores en nuestra especialidad.

Un indigente pedía limosna con un sombrero en cada mano, así que, al notar su singular sistema, no faltó quién le reclamara:

— Oye, tú, sinvergüenza, ¿por qué pides dinero con un sombrero en cada mano?

— Porque soy tan bueno para pedir que decidí abrir una sucursal.

¿Para qué va a contratar una empresa cinco empleados con sueldos mínimos, si ninguno de ellos será capaz de operar la computadora? Lo que en realidad necesita esa compañía es un especialista en computación; no importa el sueldo, sino la eficiencia.

Una máquina, cualquiera que sea su función, tiene que ser buena, no barata; igual un medicamento, si no va a ser eficaz para el mal que se pretende sanar, ¿para qué administrarlo? ¿Acaso sólo porque es barato? ¡No debe de ser así!

Las ruedas son redondas para que los vehículos se deslicen, si los autos subieran escaleras serían cuadradas.

¡Eficacia en todo es la solución!

La enorme diferencia entre las personas que triunfan o fracasan, ¡ese abismo que separa a unos de otros!, radica primordialmente en su capacitación y en el grado de eficiencia que hayan adquirido para realizar su cometido.

En cierta ocasión un turista estadunidense acertó a pasar cerca de un campesino que vendía tamales y de inmediato le preguntó:

— ¿Qué tener tú en ese recipiente, mouchachou?

— ¡Tamales, míster, tamalitos!

— ¡Ou, pero qué tountos ser oustedes, desperdiciando el metal para vender tamales!

— ¿Pos qué otra cosa podemos hacer, siñor?

— ¡Moucho más!, si se capacitaran, darían mejor uso a lo que tienen.

— ¿A poco astedes son muy salsas, míster?

— ¡Por supoesto que sí!, escucha, si tú prestarme tu recipiente, nosotros en Estadous Unidous hacer un barco con el metal. ¡Eso llamarse eficiencia y oustedes no tenerla!

— Es verdad, siñor, tiene asté toda la razón. Mire, hagamos un trato; yo voy a prestarle mi bote de tamales pa'que haga asté su barco, y después asté me presta a su hermana pa'que yo le haga la tripulación.

¡Va asté a ver qué eficaces semos también nosotros!

Los jóvenes de hoy sólo serán triunfadores del futuro en la medida en que se preparen; capacitándose perfectamente conforme a su vocación; ya sea en las artes, oficios, técnicas o profesiones. En la actualidad tienen múltiples opciones para que puedan escoger la más conveniente, y una vez tomada la decisión, cuando hayan seleccionado acertadamente la especialidad a seguir, dedicarle todo el entusiasmo hasta alcanzar el éxito.

Un novillero que sueña con lograr la alternativa como matador de toros se capacita arduamente; torea una y otra vez en plazas menores sufriendo dolorosas cornadas, pero se mantiene empeñado en ello hasta que consigue presentarse en las grandes plazas taurinas del mundo. ¡Decisión, preparación y constancia para obtener el triunfo!

Dos campesinos caminaban por la llanura cuando súbitamente apareció un enorme toro, entonces uno de ellos trepó de inmediato a un árbol en tanto que su compañero comenzó a gritarle:

Finalmente el bravo animal se alejó y el que lo había toreado reclamó:

— ¿Qué pasó, amigo, por qué no me ayudó con ese toro? ¿No oyó que le gritaba, ¡quítamelo, idiota?

— Sí, pero yo pensé que le hablaba al toro y le decía: ¡Quítame lo idiota!

A través de nuestra existencia, la vida nos presenta varios caminos para que podamos conquistar nuestra cima, pero, ¿para qué nos va a servir una caja de magníficas herramientas si no aprendemos a utilizarlas?

Capacitación y eficiencia es saber cómo, cuándo y dónde debe hacerse algo; lo importante, lo fundamental, no es dar el golpe con el martillo sino darlo en el lugar preciso.

¡Capacitación y eficiencia, dos llaves doradas para abrir las puertas del éxito!

Si deseas superarte descongela tu inteligencia.

Esmero e indolencia

Cierta mañana visitaba yo la emisora XEAV de Guadalajara, cuando tuve el acierto de observar estas cinco sentencias:

Si lo ensucias, lávalo.
Si en ella dormiste, tiéndela.
Si está tirado, levántalo.
Si te lo quitas, cuélgalo.
Si lo enciendes, apágalo.

Y en verdad que me agradaron tanto, que pensé en agregar las siguientes:

Si lo abriste, ciérralo.
Si lo vaciaste, llénalo.
Si te lo prestaron, devuélvelo.
Si oyes que suena, contéstalo.
Si te agradó, demuéstralo.
Si te gustó, corresponde.
Si te llaman, atiende.
Si te piden auxilio, ayuda.

Si te saludan, contesta.
Si vas a llegar tarde, avisa.
Si no puedes, no prometas.
Si te sirve, cuídalo.
Si lo usaste, guárdalo.

Si solemos ser esmerados con gusto observaremos estas sencillas reglas, pero... ¿qué tal será una persona indolente? Seguramente pensará así:

Si lo ensucias, que lo lave otro.
Si en ella dormiste, así déjala.
Si está tirado, hazlo a un lado con el pie.
Si te lo quitas, bótalo.
Si lo enciendes, que lo apaguen los bomberos.
Si lo abriste, alguien lo cerrará.
Si lo vaciaste, que se quede vacío.
Si te lo prestaron, di que lo perdiste.
Si oyes que suena, grita que contesten.
Si te agradó, no lo menciones.
Si te gustó, ni lo agradezcas.
Si te llaman, hazte loco.
Si te piden auxilio, no te metas.
Si te saludan, no hagas caso.
Si vas a llegar tarde, a nadie le importa.
Si no puedes, di que sí, no te importe.
Si te sirve, escóndelo, no lo prestes.
Si lo usaste, destrúyelo.

¡Cuánta diferencia puede haber entre una persona comedida y una apática!

Considero que la prudencia aconseja comportarnos con esmero y educación, hacer a un lado la descortesía y la indolencia pues, una persona comedida y atenta, siempre habrá de ser bien recibida y aceptada en todas partes.

Recordemos el siguiente pensamiento de Goethe:

"La conducta es el espejo en el que cada uno muestra su imagen."

Los avisos a los que frecuentemente hacemos caso omiso son los siguientes:

"PINTURA FRESCA"
"PROHIBIDO FUMAR"
"NO ESTACIONARSE"

En cambio el que invariablemente acatamos es el que dice:

"SUPLICAMOS NO DAR PROPINAS"

¡Tú eres importante!

Un proverbio ruso dice: "El hombre lleva su superioridad dentro de sí."

Quiero entender con esto que nunca debemos sentir que somos insignificantes y, menos aún, por el hecho de que consideremos nuestro trabajo poco sobresaliente, no. Dentro de nosotros se halla la dignidad y somos importantes primeramente porque somos personas, no cosas.

Un dicho popular afirma que "nadie es indispensable". Pues a mi parecer todos los somos, desde que nacemos hasta que nos "vamos". ¿Acaso es prudente estar en un velatorio sin difunto? No, ¿verdad?, es indispensable que haya un cadáver. El ejemplo es bobo pero válido.

Recuerdo la escena de una película en donde Cantinflas está siendo juzgado y se escucha una voz que grita: ¡El juez! Entonces el cómico repone: ¡Que pase! De inmediato, alguien lo sacude con violencia diciéndole: ¡Qué se pare porque llegó el señor juez! Y Cantinflas irónico reclama:

— No me jale porque no soy cualquier cosa, ¡soy el reo!

Exactamente, no somos cualquier cosa, somos personas, y si nos dedicamos a determinada actividad legal, estamos cumpliendo una importante tarea aunque aparentemente no lo parezca.

¿Qué pasa si el amigo barrendero deja de barrer una semana la calle? Me dirán que puede venir otro, pero no, porque no estamos considerando a dicho trabajador como un tornillo reemplazable sino como una persona, en primer lugar y, segundo, especializada en barrer.

Igualmente si requiero un taxi y allí está el automóvil, pero no hay quien conduzca, ¿no es indispensable el taxista?

¿Cómo vamos a viajar en un avión si no hay piloto?

¿Quién nos atenderá en el quirófano si no hay cirujano?

Todos somos necesarios en lo que tenemos que hacer, por tanto, debemos sentirnos importantes y, además, contentos.

Platicaban dos empleados y uno se lamentaba diciendo:

Adopta el lugar y la actitud que te corresponden y habrás de sentir placer con lo que haces. Jamás te sientas esclavizado o atado a un trabajo, mejor resuélvete a aceptarlo con gusto y experimentarás la libertad de hacerlo. Empero, no te conformes, prepárate más, supérate y avanza por el camino de la prosperidad.

Recuerda que hay dos clases de grandeza: Una viene de tener un puesto alto y otra de tener una alta personalidad.

Cualquier actividad en la que te halles ocupando tu valioso tiempo vale el esfuerzo, pues lo que haces es indispensable para otros, mientras, otros están realizando lo que a ti te es necesario.

Somos una poderosa y dinámica cadena en la que cada uno de nosotros es un eslabón insustituible.

Cuando el célebre filósofo y literato francés, Voltaire, aseveró que: "Todos los hombres tienen iguales derechos a la libertad, a su prosperidad y a la protección de las leyes", implícitamente estaba aduciendo que ¡todos somos importantes!

Un joven estudiante presumía ante su novia diciéndole:

Bien, apreciables amigos, damas y caballeros, termino con la siguiente reflexión:

Decidámonos a comprender que todo cuanto hacemos es relevante y realicémoslo con satisfacción para exclamar complacidos: ¡Yo soy una persona importante!

La importancia de la vejez

Ser viejo no debe ser motivo de penas o vergüenzas, la vejez significa haber superado los torbellinos de pasiones y desaciertos que implica la juventud.

El viejo debe de estar feliz y orgulloso de los años cumplidos, pues ha logrado ganar ese juego tan difícil llamado vida.

Ser viejo es ser sabio, porque hay experiencia después de haberse enfrentado a la adversidad. La edad, la gran edad, proporciona la grata sensación de haber sobrevivido a las tormentas de la vida, con sus oleajes de alegrías y tristezas, de lágrimas y risas, de rosas y de espinas.

El viejo es un campeón que ha sabido afrontar las emergencias y ha resuelto los problemas; un paladín que logró superar las frustraciones y aceptó con valor las decepciones; por eso la vejez es armonía, tranquilidad y conciencia.

Ser viejo es poseer un preciado tesoro de valores humanos; amor, ternura, sensatez, sabiduría, paciencia y seguridad.

El viejo ha logrado un equilibrio emocional después de haber estado en lugares diferentes con personas distintas, en buenas y en malas condiciones.

El viejo es un ser triunfador porque salió victorioso librando terribles batallas en sus largos años, y por haber salvado las desconocidas trampas que halló en el camino de su existencia.

El viejo sabe ya que no en todo se puede ganar, que en la vida hay irremediables pérdidas; se pierde la suave cuna, se pierde a los padres, a los hermanos, a los hijos y a los amigos queridos.

El viejo ha sabido jugar a ganar y a perder, venció, y por eso llegó a viejo con una invaluable experiecia en su alma y en su mente, armas con las que ha de alcanzar la meta final con decisión y entereza.

El viejo debe de estar satisfecho de su triunfo en la derrota y de haber hecho lo mejor cuando tuvo que hacerlo, con la seguridad de que si equivocó el procedimiento, siempre obró de buena fe.

Llegar a viejo es estar seguro de sí mismo y tener capacidad para dar consejo a quien lo solicite.

Ser viejo es empezar a vivir en la recta final con sabiduría y llegar a la meta solo, pero feliz.

Una anciana de 70 años y un joven de 30, tuvieron a bien unirse en matrimonio, y resultó que, en el justo momento en que iban saliendo de la iglesia, al ver aquella pareja tan dispareja, las risitas de mofa no se hicieron esperar, por lo que la anciana novia, sumamente disgustada gritó:

— ¡Búrlense, síganse burlando, pero van a ver si los invito a mis bodas de plata!

En otro caso, un simpático viejo llegó al consultorio de un médico y después de ser examinado, el galeno expresó:

— ¡Lo felicito!, tiene una excelente salud para sus 60 años.

— ¿Y quién le dijo que yo tenía 60 años? ¡Tengo 90!

— ¡Ah, caray!, ¿pues de cuántos murió su padre?

— ¿Y quién le dijo que mi padre ha muerto? ¡él vive y tiene 115 años!

— ¡Sorprendente! ¿pues de qué edad falleció su abuelo?

— ¿Y quién le dijo que mi abuelo murió? Mi abuelito vive y tiene 140 años, es más, se nos casa la próxima semana.

— No me haga reír, ¿para qué quiere casarse un anciano de 140 años?

— No, no, él no quiere, ¡se tiene que casar!

Autodeterminación

Cuando el autor de este texto cumplía los 18 años de edad, se impuso una autodisciplina que le proporcionó excelentes resultados. Así que, recordándolo ahora, considero conveniente exponerla aquí.

Cierta mañana me desperté sin deseos de nada, es decir, con un sentimiento de profundo desgano y una terrible pasividad. No me animaba ni siquiera a levantarme de la cama, únicamente me envolvía en las sábanas aturdido y perezoso.

Entonces súbitamente recapacité y me dije: "hazte de cuenta que eres un soldado y que debes de salir inmediatamente a efectuar una patrulla de reconocimiento porque de ti dependen muchas vidas."

En ese instante experimenté en mi ánimo un cambio extraordinario; salté entonces de la cama, me di un baño con gran ansiedad, me vestí apresuradamente, tomé un desayuno ligero y comencé a realizar mi diaria faena con verdadero ahínco.

Por la noche, al ir a dormir, estuve pensando en lo que había ocurrido después de haber reflexionado esa mañana y en los resultados tan positivos que obtuve, así que tomé una determinación: durante los próximos 30 días me daría una orden cada mañana y la cumpliría con firmeza. Recorté entonces 30 papelitos y en cada uno de ellos anoté "la orden del día", misma que debería de llevar a cabo aunque resultara difícil y complicada.

Y escribí disposiciones como las siguientes:

Hoy no debo tomar agua en todo el día.
Hoy no probaré alimento alguno (y había que ver lo que comía).
Hoy debo caminar 20 kilómetros descalzo.

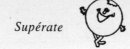

Hoy tengo que leer un libro sencillo y forrar 10.

Hoy tengo que escribir un manuscrito de 20 hojas sobre un determinado tema.

Este día tienes que realizar una pintura al óleo (y no me quedó tan mal).

Hoy deberás ir a un mercado y dedicarte a cargar bultos toda la mañana.

Hoy subirás una montaña y, cuando regreses, lavarás unos cristales de ventanas.

Hoy deberás relacionarte con personas muy pobres, conseguirles alimentos y convivir con ellas.

Este día lavarás tu ropa y la dejarás totalmente arreglada, además, prepararás tus alimentos, pero, aunque tengas apetito, no los probarás hasta el día siguiente.

Hoy deberás hacer una serie de artesanías y venderlas entre tus vecinos.

Irás a correr 10 kilómetros, al regresar te bañarás e irás a conseguir más trabajo (se trataba de pintar rótulos para aparadores).

Y así lo estuve haciendo hasta completar mis 30 ordenamientos. Obviamente, hubo ocasiones en que tuve la intención de hacerme trampa y cambiar o alterar tales mandatos, pero consideraba que no debería de hacerlo porque entonces no sería un buen soldado de mi propia vida. De manera que tal cual iba tomando una orden del recipiente en donde previamente las había depositado, asimismo las iba ejecutando hasta que las órdenes se terminaron transcurridos ya los 30 días.

Luego, como un reto final, viajé desde la ciudad de México hasta Piedras Negras, Coah., (frontera con Eagle Peace, Estados

Unidos), allí crucé el Río Bravo burlando la guardia fronteri-
za, llegué al borde del lado estadunidense, corté una flor y
se la llevé a mi novia Mercedes (llegó ya marchita, pero se
la entregué).

De haber hecho este viaje en tren o autobús no tendría
caso relatarlo, pero lo realicé pidiendo "aventones" y caminando larguísimos tramos sin comida ni medio alguno; tanto de día como de noche y de ida como de regreso, fueron
casi 3 mil kilómetros y tardé 10 días. ¡Una buena locura de
juventud!

Debo subrayar que, además de cumplir fielmente con
cada una de aquellas misiones, no descuidé mi trabajo, el
cual consistía, como ya lo anoté, en rótulos para aparadores
y dibujos comerciales.

Después de someterme a tales pruebas, me sentí capaz
de emprender cualquier tarea que me propusiera dentro de
mis aptitudes y, desde entonces, nada volvió a detenerme,
por lo que he venido logrando mis metas, unas de las cuales
fueron:

Participar en programas estelares de la televisión, la
radio y eventos especiales de grandes públicos; proyectar,
realizar y dirigir un periódico satírico, escribir más de 10
libros de humorismo, grabar más de cincuenta casetes cómi-
cos, etcétera.

Estoy absolutamente seguro de que aquella venturosa,
aunque difícil práctica que me impuse, me ha servido definitivamente para sobreponerme a las vicisitudes de la vida y a
superar obstáculos y penas; incluido un reciente y grave
accidente automovilístico que sufrí, y del que resulté con
múltiples fracturas que me han mantenido un tanto impedido
(casi dos años), pero esto no ha evitado el que haya escrito

y publicado ya otros cuatro libros humorísticos de éxito, además de éste que ahora leen, y el cual deseo fervientemente que sirva de algo a la juventud que tanto aprecio, respeto y amo.

Hubo un burócrata que planeaba su día de la siguiente manera:

Tres formas

Para perder amigos: Pedirles dinero, ser desaseado o tener vicios. Para ganar amigos: Ser famoso, ser millonario o ser poderoso.

Para vivir tristes: Mantenernos aislados, no ayudar a nadie o perder la fe.
Para vivir felices: Amar, servir y sonreír.

3 FORMAS DE GANAR AMIGOS

Para ser pobres: No estudiar, no trabajar o no hacer nada.
Para ser ricos: Ganar la lotería, recibir una herencia o hacer buenos negocios.

Para que te ignoren: Ser un haragán, ser pobre o ser un don nadie.
Para que te aplaudan: Obtener un título, conseguir un buen contrato o ganar una competencia.

Para fracasar: Ser impuntual, no tener fe o no intentar nada.
Para triunfar: Prepararse eficientemente, ser constante y confiar en el éxito.

Para enfermar: Comer, beber y llorar demasiado.
Para estar sanos: Hacer ejercicio, alimentarse adecuadamente y reír mucho.

Para no prosperar: Cultivar la apatía, el pesimismo y el ocio.
Para progresar: Pensar, planear y actuar.
Dos noticias, una buena y una mala:
La buena es que terminó la escasez de agua en la colonia.
La mala es que tu casa se inundó.

Responsabilidad

"El hombre que espera a que se le indique lo que tiene que hacer, habrá de morir sin hacerlo." *Lowell*

Ser responsable es admitir ser íntegro, no fingir, no mentir, no relegar u olvidar una tarea encomendada y previamente aceptada; es saber lo que se tiene que hacer y hacerlo bien, oportuna y cabalmente, sin retardos, excusas ni pretextos. ¡Esto es ser responsable!

Hubo un hombre verdaderamente irresponsable que fallaba ante su familia y en su trabajo; se olvidaba de todo por andar en las cantinas bebiendo hasta quedar ebrio. Y una mañana que se apareció en lo que aún quedaba de su hogar, después de una larga ausencia, se suscitó la siguiente discusión con su mujer:

— ¡Vieja, ya estoy por aquí otra vez! ¿Me has extrañado?
— ¡Cómo crees que voy a extrañarte, desgraciado irresponsable, bueno para nada!

— ¿Y mis hijos, en dónde están?

— ¿Tus hijos, loco malvado?... Uno murió de hambre, dos se largaron de la casa, otros dos ya se casaron y tres te andan buscando desde hace un año, ¡infame!

Es de suponer que cuando esta pareja se unió en matrimonio, el hombre prometió apoyar a la esposa en todo, pero... desafortunadamente la responsabilidad envejece y se arruga muy pronto.

Y es que nos hemos olvidado del honor, no se cumple ya con las obligaciones, se falta al empleo, a la fábrica, a la escuela; se llega tarde, todo se hace mal, indebidamente; se corrompe, se miente, se falsea, se adultera y se juega peligrosamente con los compromisos. ¡Qué diferente sería nuestro mundo si todos fuésemos responsables! Que los policías vigilaran, no asaltaran; los obreros trabajaran, no holgazanearan; los maestros enseñaran bien para que sus discípulos aprendieran; médicos, enfermeras, comerciantes, banqueros, políticos, padres de familia... ¡todos cumpliendo responsablemente con sus obligaciones, disciplinada y honradamente!

Pero ya vemos que no es así, parece que nos cayó encima un desalmado para poner en práctica la irresponsabilidad y fastidiarnos a todos.

Un motociclista detuvo a una dama ya entrada en años, por haberse pasado una señal de alto del semáforo y ocurrió lo siguiente:

— Lo siento, señora, pero se pasó usted una luz roja; así que, por irresponsable, voy a levantarle una fuerte infracción.

— ... (?)... Oye, hijo, ¿de casualidad no eres tú Arturo Ortiz?

— Sí, señora, ése es mi nombre, Arturo Ortiz y creo reconocerla, usted fue mi profesora de civismo, ¿verdad?

— ¡Sí, Arturito, yo soy tu maestra Conchita, la que te enseñó a ser responsable y cumplido!

— Bueno, maestra, entonces no voy a levantarle esa infracción...

— ¡No lo harás? ¡Gracias, muchas gracias, Arturito!

— Pero a cambio, tendrá que recordar usted lo que me enseñó respecto a la responsabilidad. ¿Recuerda que cuando yo llegaba retrasado a clase, me ponía a escribir 100 veces la frase, "no debo llegar tarde"?

— ¡Y cómo había de olvidarlo!, por eso te hiciste un hombre de bien y cumplido.

— Sí, ¿verdad?, pues ahora usted tendrá que escribir mil veces, "no debo pasarme el alto, no debo pasarme el alto, no debo pasarme el alto"...

En mi opinión, tenemos que dar marcha atrás de inmediato y reencontrar el camino de la responsabilidad; terminar ya con tanta apatía y descomposición entre nosotros con el fin de lograr una convivencia más creativa y una sociedad más sana, evitando así, que la irresponsabilidad nos supere y ahogue.

La responsabilidad comienza en el hogar con el buen ejemplo de los padres; un jefe de familia holgazán e incumplido, nunca será prototipo para sus hijos y, en caso de que lo fuera, sería para mal; tales hijos resultarían delincuentes y viciosos como tantos que en la actualidad pululan por todas partes.

Después del hogar, la responsabilidad de hacer hombres de bien corresponde a maestros y profesores en las escuelas; ellos deben ser su modelo asistiendo puntualmente, aseados y preparados con el fin de brindar una buena enseñanza para que sus educandos terminen una carrera y cumplan con los suyos y con la sociedad.

Igualmente los gobernantes tienen la responsabilidad de cumplir sus promesas; administrar correctamente los bienes y finanzas públicas, gobernar con absoluta honradez y justicia para que los ciudadanos correspondan cumpliendo con sus obligaciones.

¡La responsabilidad para vivir mejor es de todos!

Una dama llega ante su irresponsable marido y, como de costumbre, lo encuentra acostado y holgazaneando cínicamente a las 12 del día, por lo cual, furiosa reclama:

— ¡Eres un perezoso!, no haces nada por la familia; todo nos lo tienen que dar otros; papá nos paga la renta, mamá nos da la comida, mi tía cubre los gastos médicos y mi padrino costea nuestra ropa... pero tú, jamás apoyas con nada a nuestra familia. ¿No te da vergüenza ser tan irresponsable?

Y como el personaje de este caso hay miles, desafortunadamente.

Muchas personas se hacen irresponsables porque dicen "SÍ", cuando debieron decir "NO", porque decir sí, implica ya una responsabilidad. Al decir "SÍ" cuando nos comprometemos para determinada tarea, encargo o misión, tenemos que ser fieles a la palabra dada y cumplir con el compromiso que aceptamos dando todo nuestro esfuerzo, tiempo y conocimiento. Responsabilizarnos de haber admitido un compromiso, nada de que "no pude", "pues ni modo", "así es la vida" o "se me olvidó", salidas por demás inconsistentes y tontas.

Cierto día tuvo a bien fallecer un irresponsable político y, lógicamente, se fue derechito al infierno. Una vez que llegó a tan caluroso sitio, se percató de que habían varios infiernos; uno para cada nacionalidad, y observó que en todos la asistencia era escasa, excepto en el infierno mexicano, allí se veía una larguísima fila para entrar; entonces se acercó al que estaba hasta el final y preguntó:

— ¿Cuál es aquí el castigo, paisano?

— ¡Cien años hirviendo en aceite, compañero!

— ¡Uy, no!, mejor me voy a cualquiera de aquellos infiernos, mira, en esos no hay fila para entrar y el castigo es el mismo.

— Sí, —replicó el otro—, pero en primer lugar, aquí en el infierno mexicano no hay aceite, cuando hay aceite no hay gas, y cuando de casualidad llegan a tener las dos cosas, entonces no hay cerillos para encender el fuego.

— No puedo creer que nunca dispongan de los tres elementos —aseveró el político engreído.

— Bueno, en realidad a veces lo tienen todo: aceite, gas y cerillos para hacer fuego, pero como el diablo de aquí es un irresponsable, siempre está briago o simplemente no viene a trabajar.

Concluimos:
"La responsabilidad es como un baño de agua fresca en un clima caluroso: ¡da verdadera satisfacción!"
Moraleja:
Ser responsable es llevar una vida fresca y limpia.

¿Excusas?

"El irresponsable contesta con excusas las faltas que comete"
Miles de vidas se pierden, enormes fortunas desaparecen, cientos de empresas van a la quiebra, guerras inútilmente declaradas, la ciencia alterada, la agricultura en retroceso, la industria atrasada, la enseñanza fallando y el curso de la historia cambiado por culpa de un ejército de ineptos que sólo son capaces de disculparse aduciendo:

— ¡Qué torpe soy, se me olvidó!   — A mí no me avisaron nada.
— ¡Dios mío, me equivoqué!   — Yo pensé que no había...
— Me fue imposible llegar.   — Es que me desvelé.
— La verdad se me hizo tarde.   — Ya no había nadie...
— Es que no me fijé bien.   — ¡No puede ser!
— Yo creí que...   — Es que no me acordé.
— ¡Ay, se me perdió!   — ¡Qué mala suerte!

— Pues será la próxima vez.
— Yo se lo encargué a él...
— ¡Ya la regué!
— Yo lo dejé apagado.
— Es que me perdí.
— Yo aquí lo dejé.
— Él tuvo la culpa.
— Usted no me dijo eso...
— Sí, pero se me pasó la hora.
— Es que se fue la luz.

— ¡Siempre me pasa eso!
— Ni modo, no se pudo.
— Juro que no escuché nada.
— ¡Ah, ¿era en serio?
— Yo no fui...
— La verdad ni busqué...
— ¡Ah, qué caray!
— Pensé que era mejor así.
— ¿Y ahora qué hacemos?
— Es que...

Y lo peor es que, según estadísticas mundiales, los ineptos han invadido ya gobiernos, partidos políticos, fuerzas armadas, sindicatos, centros de enseñanza, empresas y espectáculos.

Es recomendable, entonces, no caer en las huestes de los que dan excusas, sino mantenernos responsables y confiables.

El oficial llama al guardia militar y pregunta:

En otro caso, también militar, el oficial pregunta:

Durante una junta de ejecutivos el director general de la empresa advierte en tono molesto:

Un hombre es acusado de homicidio y llevado ante el juez:

"Las excusas son impropias en el hombre que se ha superado."

El miedo

Un excelente pensamiento del notable poeta nayarita, Amado Nervo, en alusión al miedo, reza lo siguiente:

Si supieras esperar, nada te pasaría; llegaría todo mejor de lo que imaginas y te ahorrarías el tormento del miedo.

Pero eres como un niño que, asustado por los fuegos artificiales y el ruido de los primeros cohetes, se tapa ojos y oídos, y no ve las maravillosas combinaciones de luz que esos cohetes preparaban.

Y, aunque únicamente los necios y petulantes aseguran no sentir miedo, debemos reconocer que el miedo es una de nuestras emociones básicas que nos ayudan a sobrevivir; sin el miedo no podríamos protegernos o prevenirnos de eventualidades, el miedo nos alerta de un posible peligro. Hay también un miedo negativo que nos paraliza e impide actuar, de éste más adelante citaremos unos ejemplos.

En ocasiones, por ignorancia, el miedo nos causa mucho daño, por ello, cuando la sensación de miedo se presente, intentemos reflexionar a fin de darle su justo valor y dimensión a la causa que lo está provocando.

Un indígena llega por primera vez a la gran ciudad ya entrada la noche; sale de la terminal de autobuses y, de pronto, queda paralizado y con los ojos casi salidos de órbita, en esos momentos se le acerca un policía, quien le pregunta:

— ¿Qué te pasa, por qué estás tan asustado y tembloroso?

— ¿Cómo por qué?... ¡Mire asté, allí enfrente está un diablo de ojos verdes y rojos mirándome bien feo! ¡Mírelo asté, mírelo!

— No seas tonto, no hay ningún diablo, es un semáforo.

A veces imaginamos cosas que no existen o pensamos en algo que puede ocurrirnos y sentimos miedo; esto debemos evitarlo adoptando una actitud optimista y confiando en que todo habrá de resultarnos bien. Sí, cuando el miedo se haga presente y nos esté acorralando, siendo un obstáculo para

que avancemos, derrotémoslo prontamente actuando con tranquilidad y buen juicio para resolver los problemas.

Un oficial dio una orden a sus hombres para que avanzaran sobre una posición enemiga, pero los soldados se negaron rotundamente a obedecer, no dieron ni un solo paso...

— ¿Qué pasa, cobardes, por qué no avanzan?

— Porque tenemos **miedo**, teniente.

— ¿**Miedo**? ¡Qué **miedo ni** qué diablos! Vamos a entrarle y si son muchos corremos, **si son** pocos nos escondemos y si no hay nadie, tomamos el **objetivo** a como dé lugar! ¡Para morir nacimos!

Pensemos en que el **miedo**, o mejor dicho, los miedos, son unos duendes a los **que** debemos ignorar o sacudirnos cuando nos estén aturdiendo e imposibilitándonos.

¿Por qué sentimos **miedo** cuando vamos a llegar tarde al trabajo, a la escuela o a **cualquier** otro compromiso?, porque creemos que pueden llamarnos la atención, pero, en realidad, no existe un peligro **para** que nos atemoricemos; este miedo es injustificado, no **hay razón** para temer porque nada habrá de sucedernos.

Igualmente, cuánto miedo **sentimos** sólo de pensar que iremos al dentista, en este caso **hay** cierta justificación porque posiblemente experimen**temos** dolor físico, empero, este tipo de miedo podemos contro**larlo** considerando que, si llegara el dolor, sería mínimo.

Llega un norteño con el **dentista** y pregunta:

— ¿Miedo por qué? ¡Órale, **vieja**, ven pa'que te saquen esa muela!

¿Qué sucede cuando camin**amos** por un sitio desconocido? Sentimos miedo porque **ignoramos** por dónde vamos, pero este miedo nos mueve **a tomar** ciertas precauciones y nos alerta ante un posible peligro; éste es un miedo positivo, no así el que, cuando pensa**mos que** pueda venir un sismo nos aterra; este miedo no está justificado, pues tal vez no tiemble en años. Este tipo de miedo puede resultar muy dañino por

el mal orgánico o mental que suele causar y, ¡qué caray, sin razón alguna!

Un humilde campesino caminaba por una oscura calle cuando, de pronto, es sorprendido por un hampón que le grita:

— ¡El reloj!

— No traigo reló, siñor...

— ¡Dame entonces tus anillos!

— Tampoco uso anillos, siñor...

— Pues suéltame la cartera, ¡idiota!

— No siñor, no traigo cartera...

— Y si no tienes nada, ¿por qué tiemblas tanto?

— Porque tengo miedo que me quite asté un billete de 100 pesos que traigo escondido abajo del huarache.

Meditemos ahora sobre algunos de los miedos que suelen acecharnos:

Miedo a la soledad. Este miedo podemos contrarrestarlo escuchando música y nos debe ser útil para leer, realizar una artesanía, preparar un exquisito postre y hasta para dormir tranquilamente. Ningún miedo a la soledad, ¡nada!

Miedo al fracaso. ¿Por qué temer al fracaso? Cada vez que fracasamos nos habremos de esforzar para superarnos. ¡Tres fracasos son un éxito!

Miedo al ridículo. Igual que el caso anterior, hacer el ridículo provocará en nosotros que nos preparemos mejor para una próxima vez.

Miedo al dolor. El dolor físico tiene un límite y en la actualidad existen poderosos analgésicos para prevenirlo y aliviarlo. Respecto al dolor emocional, éste casi siempre se alivia con el tiempo y podemos aminorarlo con la reflexión y con distracciones sanas.

Miedo a lo desconocido. Este tipo de miedo ya lo anotamos, es bueno porque nos alerta para tomar las debidas reservas y precauciones.

Miedo a la pobreza. ¿Por qué temer a la pobreza? Se puede ser feliz aun siendo pobres, pero, si no deseamos caer en ello, entonces debemos estudiar más, prepararnos más y trabajar con ahínco a fin de ganar la prosperidad y la abundancia.

Miedo a la noche. No hay razón porque la noche es hermosa y agradable, ya sea fría, tibia, con o sin luna; la noche, incluso, es propia para el romance, ¡para el amor!

Miedo a la lluvia. La lluvia no es mala, por el contrario, es buena, benéfica, refrescante, salvo, obviamente, en casos de un huracán; pero no obstante, deja sus favores.

Miedo a la muerte. La muerte es parte de un proceso natural y debemos de aprender a aceptarla, no a buscarla. Cuando desafortunadamente llega de súbito, ¿qué podemos hacer ya? Si nos llegó a nosotros quizá encontramos a Dios, si le llega a un ser querido podemos llorar un poco y tratar de conformarnos llenándonos el alma de sentimientos bellos como la fe y la esperanza.

Terminamos, pues, este capítulo insistiendo en que, únicamente los necios y petulantes niegan conocer el miedo, sin embargo no debemos abrigarlo sin motivo y tener miedo de todo, porque entonces nuestras vidas se tornarán penosas y tristes; debemos fortalecer nuestra confianza y ser precavidos, de esta forma viviremos más felices y tranquilos y, en consecuencia, seremos más objetivos y productivos.

¡Dile a tu confianza que ahuyente el miedo!

La risa

"Un día sin risa es un día desperdiciado", aseveraba el genial Charlie Chaplin.

Destacados fisiólogos, psicólogos, sociólogos y psiquiatras, afirman que la risa produce ciertas hormonas capaces de lograr un equilibrio verdaderamente sorprendente en nuestro organismo y la mente, lo cual, obviamente ha sido comprobado.

Así, entonces, la risa nos proporciona salud y, consecuentemente, un agradable buen humor. Mucho se ha dicho y escrito ya sobre el tema; el filósofo francés Enrique Bergson proporciona múltiples ejemplos sobre causas y efectos de la risa en su libro titulado *La Risa*.

La risa es un refrescante desahogo y poderoso antídoto contra las tensiones nerviosas y el estrés. Las personas que ríen se mantienen constantemente sanas, son generalmente bien aceptadas y se relacionan fácilmente con otras. Y como la risa nos ayuda a mantenernos cordiales, esta actitud nos brindará inmediatos beneficios.

Debemos aprender a reír de todo cuanto suceda en nuestro alrededor siempre y cuando no implique peligro o burla, es decir, podemos reír camino a la horca, pero no a la hora del ahorcamiento.

En una festiva plática que doy y que denomino "Viva como quiera, pero muérase de risa", comienzo diciendo que el buen humor y la risa deben sernos como las religiones y los templos: buscarse para sentirse mejor.

Para provocar la risa hay miles de excelentes chistes que nos servirán como varitas mágicas para abrir puertas y también como lámparas que iluminan el camino más difícil.

La risa debemos contagiarla y compartirla con el fin de lograr una existencia más prolongada, saludable y dichosa.

La risa nos dará voluntad para superarnos y ser mejores. Por otra parte, si llegamos a este mundo llorando y nos despiden en medio de un mar de lágrimas, debemos aprovechar el intermedio para reír.

Aprende a reír

Este era un hombre que nunca reía,
siempre estaba serio, tenía ese defecto,
por eso la gente de él se escondía,
era un pobre tipo con cara de muerto.

Le decían un chiste y él, siempre serio,
su cara de palo quedaba bien tiesa,
así que aquel hombre no tenía remedio,
era tan amargo como una cerveza.

No sabía de bromas, ni entendía de risas
en verdad llevaba una vida seca,
¡ay, qué hombre tan feo, siempre con sus prisas!
¡qué vida tan triste, tan sosa y tan hueca!

Parecía en verdad no tener remedio,
todo le era vano y todo estaba mal,
¡ay, pobre señor, se moría de tedio!
todos ya pensaban que era su final.

Mas un día de pronto aprendió a reír,
y el hombre tornóse alegre y jovial,
se veía contento, parecía un emir,
ya tenía en su vida, la risa, la sal.

Cierto es que la risa su vida cambió,
ganó mil amigos y amigas también,

su cara de muerto la gente olvidó,
y así de 30 años llegó hasta los 100.

Por eso, mi amigo, sigue este consejo:
aprende a reír y vive contento,
así serás joven, jamás te harás viejo
esto es la verdad, no creas que es un cuento.

Confianza en sí mismo

Un antiguo proverbio escocés dice lo siguiente: "Si eres amigo de ti mismo, los demás lo serán también."

Y ser amigo de uno mismo no es otra cosa que protegernos, liberarnos de la desconfianza y llenarnos de seguridad para vivir venturosamente.

Nada habrá de sernos más útil para caminar por la vida con seguridad, que confiar en nuestra propia capacidad, decisión y constancia; cualidades absolutamente indispensables para poder conquistar nuestras más preciadas metas.

Muchos hombres notables de la historia siempre tuvieron confianza en sí mismos: Napoleón borró de su diccionario la palabra "imposible"; Dante, el ilustre literato italiano, predijo su gloria; Julio César le dijo a su piloto cuando éste titubeaba en medio de una tormenta: "No te asustes, muchacho, recuerda que aquí va contigo César, junto con su buena suerte."

Aquí cabe un excelente ejemplo, se trata de una joven que estaba tan segura de sí misma, ¡que escribía su diario con un mes de anticipación!

Nuestro ejemplo parecerá exagerado, pero así, con esta seguridad, debemos comportarnos; nunca hemos de dudar de lo que sabemos o podemos hacer y menos aún, pensar que otro puede hacer las cosas mejor que nosotros; obviamente dentro del campo de nuestra especialidad.

Tampoco debemos caer en la pedantería y sentirnos superiores, no; pero estando seguros de lo que somos capaces, realicemos nuestras faenas llenando de confianza nuestra mente, el alma o el espíritu, según sean nuestras creencias.

Cierto día de 1954 me invitaron para que actuara en una función de gala que se daría en el cine Arcadia de la ciudad de México; acepté feliz, pues me sentía privilegiado de ser

tomado en cuenta para tan importante evento. Pero llegó el
día y, a la hora de la función...¡Dios mío!, en cuanto me
enteré de las "luminarias" con las que iba a alternar me entró
tal pánico, que a punto estuve de huir al saber que todos eran
grandes figuras del espectáculo, excepto yo.

Afortunadamente mi vista se fijó en una frase que estaba
sobre el escritorio del señor Arcady Boitler (gerente del
teatro), era una sentencia que de inmediato cambió mi desas-
troso estado de ánimo, dándome a la vez una enorme seguridad. La afortunada maxima indicaba:

"Nadie es más que otro si no hace más que otro."

Recapacité en ello y me dije animoso: ¡Adelante!, ninguna de las estrellas que van a actuar esta noche sabe imitar
voces como tú, ni relatar chistes con tu gracia y estilo. Así que
entré al escenario confiado y seguro sabiendo que en ese
momento nadie era más que yo, porque no harían más que
yo; tuve la seguridad de lo que iba a decir y lo dije e hice bien,
por lo cual el gran público me premió con el aplauso.

Un hombre charlaba alegremente con su esposa en la sala
del hogar;

—En cuanto nazca mi hijo le compraré una póliza de vida
por 100 millones.

—¿Y por qué estás tan seguro de que es "hijo" y no "hija"?

—Porque yo lo puse "ahí."

¡Qué seguridad, verdad? Los hombres plenos de confianza son los que a menudo consiguen el triunfo, en tanto que
los que dudan, aun siendo capaces, no lo alcanzan jamás.
Cuántas veces nos hemos enterado de que personas bien
preparadas nunca logran una buena colocación por no confiar en su capacidad; fracasan, se frustran y luego echan la
culpa a "su mala suerte" cuando la realidad fue otra. Un

dicho popular dice: "Si el fuerte desconfía de su propia fuerza será débil", y también podemos decirlo de otra manera: "Un tigre dormido es menos peligroso que un gatito despierto."

Debemos de estar siempre seguros de que en lo nuestro somos buenos y, además, estar seguros también de no equivocarnos al sobrestimar nuestra capacidad porque corremos el riesgo de perjudicar a personas que hayan confiado en nosotros.

La confianza da seguridad y la seguridad da confianza, pero esto debe venir acompañado de preparación o experiencia, de otra forma podemos caer en una trampa, como aquel que afirmaba:

—¡Sólo los idiotas y los necios dicen, estoy seguro!

—¿Tú crees eso?

—¡Estoy seguro!

En el medio del espectáculo con frecuencia se afirma: "A papel sabido no hay mal actor." Esto nos puede significar

que, si sabemos el papel que vamos a representar, jamás
daremos una mala actuación en el escenario de nuestra existencia.

La confianza y seguridad en uno mismo funcionan a tal
grado, que deben movernos a reflexionar si al aplicarlas
serán para bien o para mal; mi abuelo afirmaba al respecto:
"Nunca pongas tu dinero en juego ante un amigo pues, si
sabes que puedes perder, eres un tonto, y si estás seguro que
vas a ganar, eres un pillo."

Mantengámonos, pues, seguros y confiados en todo cuanto
nos decidamos a realizar, inclusive hasta para las tareas más
difíciles y complicadas. Reafirmemos constantemente nuestra confianza interna; pensando así, alcanzaremos el éxito y
nos sentiremos satisfechos de haber llevado una vida acertada.

Un hombre se detiene ante un vendedor de billetes de lotería que grita este pregón:

—¡Juegue a la lotería, el premio es de 100 millones!

Honores, gloria y fortuna aguardan a hombres y mujeres que llevan la confianza en sí mismos y la ponen a funcionar oportunamente.

La confianza es una cualidad que nos da seguridad; si nos comportamos indecisos y desconfiados, nunca conoceremos la generosidad y el aroma del éxito porque, poniéndonos un tanto románticos, podemos afirmar que: "La confianza en sí misma es una flor cuyo perfume nos eleva para saborear el triunfo desde el cielo."

¡A un paso de la confianza está la victoria!

La amistad

Un pensamiento anónimo referente a la amistad expresa: "Entre dos amigos sólo uno de ellos es amigo del otro."

¡Qué atinada le dio la persona a la que se le ocurrió esta sentencia!, en ocasiones resulta tan certera como cuando una dama a los nueve meses de embarazo asegura que va a tener un bebé.

Y es que la amistad para que prevalezca entre nosotros, debe de ser tan fuerte como un toro antes de iniciar la lidia y de tal pureza como la de una novia ante el altar a punto de casarse.

La amistad nunca debe comprarse sino darse total e incondicionalmente, por eso es difícil conocerla, porque actualmente muchas personas no se atreven a dar ni siquiera los buenos días o la hora.

Así que cuando por fortuna encontremos amistad, debemos cuidarla con esmero, considerando que hemos hallado un tesoro de valor incalculable.

La amistad es como un milagro, podemos imaginar que es una virgen a la que debemos reverenciar y velar con devoción y celo. Y aun siendo virgen, la amistad puede ser prolífica y brindarnos amor, alegría, tranquilidad y esperanza.

La amistad es el vínculo más eficiente entre las personas, por medio de ella nos comunicamos y nos comprendemos, nos conocemos más para ayudarnos recíprocamente. La amistad por ser tan limpia la encontramos prontamente entre los ricos de espíritu y, de vez en cuando, entre uno que otro millonario bonachón.

La amistad es muy bella y por esta razón tiene dos ene-migas: una es la traición y otra, su prima, la ambición, por ello debemos fortalecerla cotidianamente alimentándola con lealtad, sinceridad y gratitud, con el fin de que sea indestruc-tible.

Hemos de aceptar que la amistad resulta imprescindible para la buena y sana convivencia, sin ella seremos como una casa sin muros, tendremos la apariencia de una piscina sin agua o de una biblioteca sin libros; es decir, estaremos siem-pre desolados, abandonados, vacíos.

Por tal motivo, debemos de creer firmemente en la amis-tad; ofrendarla, enaltecerla, compartirla y sembrarla para que germine y se reproduzca, proporcionando sus frutos de cordialidad y amabilidad.

Siendo amables y brindando amistad creceremos espiri-tualmente y, cuando las personas son fuertes en espíritu y alma, la superación es absoluta.

Decía una abuela a su nieto:

En cierta ocasión un ejecutivo comentaba a su congénere:

Hábitos y costumbres

En cierta ocasión escuché a un sacerdote católico afirmar que era más fácil cambiar de religión que dejar de fumar.

Y es que tanto los buenos, como los malos hábitos, se arraigan con tal fuerza en nosotros que resulta casi imposible desprendernos de ellos, aun habiendo desaparecido las causas que los originaron, por ejemplo: un hombre cae en un problema financiero y comienza a fumar uno o dos cigarrillos al día, poco a poco va subiendo la dosis hasta fumarse dos cajetillas diariamente. Pero sucede que resuelve su problema económico y la mala costumbre de fumar ya le formó un hábito tan fuerte, que le será verdaderamente difícil abandonarlo porque ya es tabaquismo.

El policía llama la atención al fumador diciéndole: —Oiga, amigo, ¿acaso no vio el letrero que prohíbe fumar en este lugar?

Ahora bien, ¿por qué en vez de un mal hábito no intentamos caer en uno bueno? En mi opinión porque somos proclives a lo fácil, a lo que nos causa daño y generalmente nos inclinamos por las malas prácticas, no en balde se afirma que todo lo sabroso está prohibido o hace daño.

Si deseamos cambiar costumbres negativas a fin de mejorar individual y colectivamente, será necesario realizar un gran esfuerzo, poner en práctica toda nuestra voluntad y dar marcha atrás para adquirir nuevas y positivas disciplinas.

Un buen señor intentaba a toda costa que su hijo adquiriera el hábito de la lectura para que estudiara y se hiciera un profesional.

Años después el joven comentaba a sus amigos:

—Cuando era yo un adolescente acostumbraba asistir a todos los juegos de béisbol que se realizaban en Monterrey, pero mi padre siempre llegaba a sacarme del estadio y ponía en mis manos un libro de medicina.

—¿Y qué sucedió?

—Pues que gracias a eso llegué a ser lo que ahora soy...

—¿El cirujano más famoso de Monterrey?

—No, el ignorante más famoso del beisbol.

Si reflexionamos un poco y somos honestos, encontraremos que una gran mayoría de personas ven muy natural practicar el engaño, la mentira, la corrupción y los vicios; costumbres con las que quizá comenzaron involuntariamente pero que pronto se convirtieron en hábitos gravemente arraigados, tanto, que los realizan cotidianamente con todo cinismo y sin recato alguno.

Preguntaba una dama a su esposo:

—¿Por qué acostumbras estafar a las personas que confían en ti?

—Porque a las que desconfían no las puedo estafar.

En Europa se cuenta un mal chiste acerca de nosotros; se dice que somos tan corruptos, que después de una guerra nuclear únicamente van a quedar las cucarachas y los mexicanos.

¡Qué pena que paguen justos por pecadores!, si es verdad que en muchas partes existe la corrupción, también lo es que millones de personas guardan un gran sentido del honor, el orden y las buenas costumbres, no obstante que, en la actualidad, vale más una tarjeta de crédito que la palabra de honor.

Consideremos la necesidad de cambiar ya nuestro inconsciente individual y colectivo, porque las fallas y errores se han venido convirtiendo en hábitos que nos crearon mala fama y, por ende, nos estamos perjudicando.

¡Cuántas veces hemos escuchado la malograda frase de: "Es que hizo san lunes y no vino a trabajar", actitud que ya se hizo una costumbre en centros de trabajo y otras áreas.

Creo no equivocarme al anotar que en el libro *Vecinos distantes* de Alan Reading, se asienta que los mexicanos hacemos una fiesta por cualquier pretexto y, si no lo tenemos lo inventamos. Y me parece que en la misma obra leí que el mexicano siempre tiene prisa por llegar tarde.

Y observen si no; una mañana esperaba la llegada del autobús, cuando pasó frente a mí caminando aceleradamente un vecino, entonces alguien le preguntó con ironía:

—¿A dónde vas tan aprisa?

—¡No sé!

¿Con esta mentalidad, cuándo vamos a colocarnos en los primeros lugares?

Me parece que nos hemos vuelto un tanto o un mucho creídos de lo que no somos y por eso es común escuchar la popular frase de: "Le puso mucha crema a sus tacos", con lo que se da a entender que habló más de lo que sabía o que hizo mucho menos de lo que dijo.

En verdad que no debemos continuar jugando con nuestro futuro actuando equivocadamente, llevándonos por malas costumbres y hábitos negativos.

El filósofo Arnold afirmaba que: "La conducta equivale a las tres cuartas partes de la vida."

Luego, entonces, si deseamos llevar una buena conducta, ésta será el resultado de nuestros buenos hábitos y de costumbres sanas.

Decía un maestro a uno de sus alumnos más inquietos:

—Eres incorregible y, por esa mala conducta, tendré que calificarte con cero, aunque cuando yo muera vayas a bailar sobre mi tumba.

—No, maestro, no me gusta hacer cola.

Cierta ocasión escuché en la radio a un hombre de negocios afirmar que aquí estamos acostumbrados a hacerlo todo "chueco", por la vía de la "mordida y las movidas" y que, por tan equivocada conducta, invariablemente nuestros asuntos terminan mal; enseguida exponía un excelente ejemplo; dijo que en otros países los negocios empiezan entre abogados y terminan entre amigos, en cambio en México todo empieza entre "cuates" y termina entre abogados.

En una pequeña ciudad la corrupción se estaba adueñando de la gente, por lo cual el cura del lugar, cansado ya de tanta denuncia y confesión, dijo una mañana a sus feligreses:

—De ahora en adelante no recibiré más confesiones en este templo, voy a valerme de un sistema muy sencillo para saber quiénes son los que se portan mal y no observan buenas costumbres. Acto seguido mostró una pluma de ave y agregó:

—Soltaré esta plumita al aire y aquél de ustedes al que le caiga será el que tiene los peores hábitos.

Botó la pluma, le sopló para alejarla y ésta comenzó su vaivén; en momentos parecía que iba a caer sobre el presidente municipal, a ratos volaba directa hacia el jefe de policía, de pronto se movía para acercarse al gerente del banco, después casi llegaba hasta el gran comerciante pero nada que se posaba sobre alguien en particular. Súbitamente entró una ráfaga y la pluma fue a estamparse justamente en el pecho del cura, entonces se la quitó violentamente y gritó angustiado:

—¡No se vale, va de nuevo!

Muchas personas se sienten satisfechas de su éxito económico a sabiendas de que todo lo hicieron a base de engaños, fraudes y mentiras, de la mala costumbre de ser corruptos. ¿Es posible creer que personas de esta conducta hayan tenido

---

una buena educación? Quizá fueron de buena cuna, pero hubiese sido mejor una buena crianza.

Si estamos conscientes de que vamos por el camino equivocado de los malos hábitos y deseamos cambiar para ser íntegros y sentirnos mejor, debemos comenzar a practicar el decoro, la limpieza, la honestidad y todo aquello que implique higiene mental, a fin de controlar las costumbres dañinas.

Hay cientos de espléndidos libros que nos ayudarán a lograr este objetivo, aunque primero, debemos acostumbrarnos al hábito de la lectura.

Recordemos siempre que:

"Hábitos y costumbres reflejan nuestra conducta." Llega un hombre a una oficina pública y pide colocación como policía, pero de inmediato se la niegan por no tener la estatura propia:

Alejándonos de los malos hábitos seremos mejores, nuestra familia estará más feliz, nuestro entorno más agradable y nuestro país será más grande y reconocido ante las naciones.

¡Los buenos hábitos distinguen al hombre educado y probo!

La importancia de lo mínimo

Es frecuente escuchar a manera de excusa las palabras: *peccata minuta,* con lo que se pretende decir que la falta o el error cometido fue leve.

Sin embargo, lo pequeño, lo que parece insignificante, lo mínimo es muy importante:

"Un guijarro en un pequeño arroyo puede cambiar el curso de un caudaloso río", reza una sentencia anónima.

Y bueno, esto es lógico, ¿no es verdad que los océanos están formados por gotas de agua y las grandes montañas por granos de arena?

En los Alpes se recomienda a los montañistas absoluto silencio, pues el más leve sonido de la voz puede ocasionar una avalancha.

Una fase fundamental para la superación personal consiste en atender debidamente el más mínimo detalle y saber apreciar lo pequeño, tanto en lo espiritual como en lo material.

La naturaleza ha creado millares de especies animales y vegetales porque todo en su conjunto guarda una armoniosa necesidad y es importante; desde el invisible microbio y el diminuto insecto, o la minúscula flor y vegetal, hasta los colosales elefantes y las robustas plantas o gigantescos árboles.

Igualmente, el hombre ha tenido que valerse, merced a su ingenio, de miles de utensilios y máquinas para su supervivencia, los cuales van desde una aguja hasta el enorme cohete espacial. Aquí debo señalar algo importante: una pequeña falla en el sistema de combustión fue la causa de la tragedia del transbordador espacial Challenger, ocurrida en enero de 1986.

Un insignificante microbio en nuestro organismo puede ser la causa de una terrible enfermedad; de no haberse descubierto a los microorganismos, la humanidad continuaría abatiéndose entre enfermedades y epidemias.

Durante una sesión en la cámara de diputados un representante priísta comenta a un compañero:

—Esa diputada del PRD es más chaparrita que Napoleón Bonaparte.

—¡Y también es mucho más bonita!

Con lo anterior deseamos hacer notar que lo pequeño destaca en todo; desde la minúscula flor hasta una linda delegada en el congreso. Y valga señalar con respecto a Napoleón (aunque el ejemplo resulte irracional o tonto), el hecho de que con él, más que con otros hombres de su época,

se confirmó la sentencia que advierte: "no hay enemigo pequeño", puesto que su mínima estatura de poco más de uno
60 nunca lo acomplejó y logró derrotar una y otra vez a los
poderosos ejércitos que se le enfrentaron; bien se dice que
la estatura del notable corso era medida de su cabeza hacia
arriba. Y bueno, de Napoléon es la frase siguiente: "Impulsan
a los hombres las cosas mínimas."

Recordemos que con una pequeña piedra lanzada con
una honda por David contra el gigante Goliat, éste cayó
completamente vencido. Por cierto se cuenta que cuando
Goliat recibió el impacto sólo alcanzó a exclamar:

—¡Qué buena onda!

Cualquier cosa que nos parezca fútil debemos de atender-
la y presentarle el debido cuidado porque forma parte de un
todo importante; es innegable que un grano de sal puede
fastidiar o enriquecer al platillo mejor elaborado y que una
pequeña chispa pudiera ser la causante de catastrófico incen-
dio. ¿Y no forman las abejas sus panales a base de pequeñas
celdillas de cera? El rubí más hermoso perderá su valor si tan
sólo una de sus facetas se halla levemente agrietada. En
Holanda se cuenta que un ratón había roído un dique y causó
una grieta que estuvo a punto de provocar terrible inunda-
ción. ¡Qué importante es lo mínimo, lo pequeño!

Lo mismo ocurre en nuestro trato con otras personas;
una frase inapropiada o tan sólo una palabra pueden decidir
el futuro de una amistad y, podemos asegurar, que la causa
de muchos fracasos en el amor, la guerra y los negocios ha
sido precisamente el descuido a lo mínimo y debido a pequeños errores.

Una estampida de elefantes destrozaba todo cuanto había a su paso y una pequeña hormiga corría atrás de ellos;

aldeas, chozas, árboles, todo quedaba hecho pedazos y la hormiguita siempre atrás de los colosales paquidermos hasta que finalmente se detuvieron y la hormiga mirando hacia atrás gritó asombrada:

¡CUÁNTO DESTROZO HICIMOS!

Debemos de robustecer nuestra mente a fin de apreciar menudencias y detalles que habrán de resolvernos grandes problemas; no descuidemos lo mínimo, pensemos que nuestra vida misma está nutrida de segundos de existencia y que mínimas atenciones, amabilidades mínimas y pequeñas sonrisas enriquecen y acrecientan nuestras relaciones.

¡Esto también es una manera de superarse!

"No seas malo, haz tu día bueno."

Orden
y desorden

"Todo está bien, todo en orden; todo perdido por el desorden."

Mi dulce y querida abuela materna me decía una y otra vez: "Un lugar para cada cosa y cada cosa en su lugar." Fue una mujer extraordinaria que, quizá sin proponérselo, me enseñó una buena costumbre: conservar todo en orden.

Si nos habituamos a que todo cuanto utilizamos y necesitemos tenga un lugar exclusivo, un espacio propio, habremos de obtener magníficos resultados y, entre otras ventajas, invariablemente dispondremos a tiempo del documento u objeto requerido evitándonos así muchas contrariedades, además de que hemos de aprovechar mejor nuestro precioso tiempo.

Es muy favorable la costumbre de tener nuestros papeles y documentos en regla y preparados a fin de disponer de ellos en el momento preciso: actas de nacimiento, de boda, comprobantes de estudios, licencias, credenciales, libros, pasaportes, papelería fiscal; así como tarjetas de crédito, chequeras y papel moneda.

Igualmente todos los objetos de uso cotidiano como llaves, lentes, bolígrafos, herramientas y demás utensilios.

Mantener en orden todo esto es importante y beneficioso, en cambio el desorden siempre nos ocasionará prisas y problemas.

¿Qué sucede cuando no recordamos en dónde dejamos las llaves? ¿Cuánto tiempo perdemos buscándolas y qué complicaciones nos causa el no encontrarlas?

Con este sencillo ejemplo podemos reflexionar en todo lo demás y aceptar que sólo siendo ordenados avanzaremos y que, contrariamente, el desorden nos impedirá ser mejores.

Y termino con la historia de un tipo que era tan desordenado, que además de que nunca sabía en dónde dejaba las cosas, tampoco sabía si él mismo estaba turulato, era un mentecato o simplemente un insensato.

Si es verdad que la mitad del mundo es un desorden, ayuda un poco poniendo en orden la otra mitad.

¡Tú también puedes!

Si otros pueden, ¿por qué tú no? Con estas palabras comenzaba un interesante artículo que publicó Selecciones hace algunos años.

Y es verdad; si estamos en las mismas condiciones que otros, o quizá con cierta desventaja pero disponemos de la determinación suficiente para alcanzar un propósito, nada nos ha de detener porque deseamos llegar y no vamos a desistir.

Shakespeare afirmaba: "El cielo nunca ayuda al hombre que no intenta nada."

Generalmente, cuando intentamos iniciar algo, la duda, esa duda que corroe y debilita, se interpone ante nuestra decisión y de inmediato solemos pensar: "No voy a poder"... "Yo no puedo hacer eso"..."No creo lograrlo", etc. Pero si modificamos nuestro pensamiento y adoptamos una actitud decidida, las palabras que resonarán en nuestro interior serán: "Voy a empezar de inmediato", y ésa será nuestra plataforma de lanzamiento para ir a conquistar lo que anhelamos; sólo con una firme voluntad se consigue lo que deseamos.

El maestro de un taller de pintura solía repetirnos:

—No pregunten por qué lo tienen qué hacer, sino cómo deben hacerlo.

Obviamente existen circunstancias en las que, aún queriendo hacer algo, nos será imposible.

Bien, pero en condiciones normales, cuando no hay obstáculos sino más bien ciertas facilidades, entonces todo, absolutamente todo cuanto nos propongamos efectuar, lo hemos de hacer conforme a nuestras facultades. ¡La voluntad nos dará los medios necesarios!

Un joven de 15 años, por ejemplo, que haya terminado sus estudios secundarios y anhele graduarse como piloto aviador, ¿qué es lo que tiene qué hacer primero? Investigar cuántas escuelas de aviación hay a su alcance y escoger la que más convenga. Se dirá que la carrera de aviación es muy costosa, sí lo es; pero decenas de pilotos que operan en las líneas aéreas no vinieron precisamente de familias millonarias; fueron jóvenes que tuvieron una ilusión, un sueño, un ideal bien definido de graduarse como pilotos y que no descansaron hasta verse ante los mandos de un moderno avión.

¡Querer es poder!

La historia nos habla de cientos de hombres y mujeres que triunfaron en diferentes actividades; fueron titanes de la humanidad cuya constancia y perseverancia los llevó a realizar sus dorados sueños.

Samuel Morse trabajó más de 12 años para realizar su formidable idea del telégrafo, la que vio coronada en 1844.

¿Y pueden ustedes imaginarse a una joven de 16 años enseñando filosofía? Pues Olimpia Morata lo hacía en la universidad de Ferrara, Italia, en el siglo XVI. Fue una excepcional mujer que desde niña se dedicó al estudio de los grandes filósofos de la antigüedad manteniendo la voluntad inquebrantable que la llevó muy joven a realizar su anhelo. Otros pudieron, ¡ella también!

Los ejemplos se multiplican en todas las épocas y en todos los países; en el nuestro, en México, tuvimos a un pastor de ovejas que se esmeró para ser alguien y llegó a la presidencia de la república, ¡el gran Benito Juárez!

Es definitivo, leyendo la historia universal encontraremos los nombres de hombres y mujeres que con la firme determinación de hacer algo significativo en sus vidas pudieron hacerlo, porque quisieron hacerlo.

Para salir adelante y lograr nuestras aspiraciones, es más importante querer que saber, o dicho de otra forma: "es más grave no querer que no saber", y es que cuando se quiere, se aprende, se emprende y se logra.

Cristóbal Colón, Magallanes, Henry Ford, Lindbergh, los actuales cosmonautas y todos los conquistadores, artistas, literatos y campeones del mundo fueron, y son, auténticas realidades y demostraron que cuando se quiere se puede.

Un simpático perrito cocker se propuso aprender actuación porque deseaba ser estrella del espectáculo. Así que antes de cumplir tres años de edad el animalito ya estaba cantando, bailando y contando chistes en la televisión, pero apenas empezaba su triunfal carrera, llegó una perra, lo atrapó de las orejas y se lo llevó. Todo mundo se preguntaba qué era lo que había ocurrido y el representante del perrito lo explicó:

—Era su mamá, ella jamás aceptará que sea un actor, ella quiere que sea ingeniero.

Bueno, ya lo vimos, cuando se quiere algo, ¡hasta un perro lo consigue!

Es desesperante ver a cientos de jóvenes frustrados y sin deseos de intentar ni hacer nada, y lo más lamentable es que muchos de ellos tienen todos los elementos para hacer una carrera en cualquier profesión. Y si se indaga, unos dirán que nada pueden hacer y, otros, enfadados, dirán simplemente que no quieren.

Pero esos muchachos necesitan entender que solamente requieren de un momento de decisión para empezar a subir la escalera del éxito.

Esfuerzo y trabajo les va a costar alcanzar sus metas, pero si se lo proponen llegarán.

El hecho de que los récords olímpicos sean cada vez superados son una demostración contundente de que si unos pueden, otros también. ¡Y hasta los aventajan!

El profesor del segundo año de primaria preguntaba al vivaz muchachito de la primera fila:

—¡En verdad crees que puedas llegar a ser un gran mago?

—¡Claro que voy a lograrlo porque así lo deseo, es más, ahora mismo puedo adivinar que usted tiene calzoncillos blancos con motitas rojas...!

—¿Cómo lo supiste?

—Porque olvidó ponerse los pantalones.

Jamás aceptes que no puedes hacer lo que deseas; propóntelo firmemente y lo conseguirás, la fórmula es sencilla: llena tu mente de palabras motoras, de pensamientos que te darán energía para que inicies algo noble, grande y sano, entonces sentirás que también tú puedes hacer o superar lo que otros lograron.

Imagina por ejemplo que estás al pie de una colina y que en la cima se encuentra el trofeo que añoras obtener, que allá en lo alto está lo que tanto anhelas poseer y piensa abiertamente: "Voy a empezar a escalar para tomarlo" ¡y comienza de inmediato!

Luego, cuando ya hayas emprendido el camino, reflexiona y repite: "ya lo estoy haciendo", y sigue, sigue adelante, continúa ascendiendo la montaña de tus aspiraciones; demuéstrate que sí puedes y, cuando alcances la cumbre, cuando estés en la cúspide y acaricies el triunfo, habrás de exclamar satisfecho: ¡Sí pude hacerlo!

¿Y sabes otra cosa? justamente en ese momento disponte a realizar algo más, piensa en otro objetivo y comienza nuevamente, de esta forma estarás iniciando una brillante carrera de logros y éxitos.

Nunca pienses que ya hiciste demasiado y mantén en tu mente la convicción de que tú también puedes, pero ten presente que: "Si deseas subir, debes partir de abajo."

La cortesía

"Se conquista el mundo sombrero en mano", asienta un proverbio alemán.

Y un bello pensamiento del poeta Amado Nervo dice que la cortesía es el más exquisito perfume de la vida, de tal nobleza y generosidad que todos la podemos dar, aun aquellos que nada tienen.

Lo anterior es verdad, ¿qué nos cuesta ser amables y saludar afectuosamente? ¿No seremos más estimados comportándonos corteses?

¡Cuánto valor representa el ser atentos y respetuosos!

Ser cortés es ceder el paso, el lugar, facilitar la comodidad y el bienestar; llamar a la puerta suavemente, expresarse con afabilidad, acceder a una petición honesta, mostrarse servicial y amable.

El saludar de mano o con una sonrisa; hacer reverencia a las damas y ser reverentes con los ancianos, nada nos quita y sí hablará muy bien de nuestra educación y fineza.

Una persona puede estar preparada para lograr un lugar superior en la industria, la ciencia o la tecnología; o quizá consiga un puesto relevante en las finanzas, la política o las artes, pero toda su capacidad quedará nulificada si carece de cortesía y buen trato. Y aquí caben perfectamente las siguientes palabras de Confucio: "El hombre superior es cortés pero no rastrero; el hombre vulgar es rastrero pero no cortés."

La cortesía, querido amigo, siempre habrá de atraerte amistad, te hará más notable y tus gentilezas serán consecuentemente correspondidas en diferentes maneras.

Se dice que la cortesía se mama, yo afirmo que se aprende.

He tenido la oportunidad de tratar con distinguidas personalidades tanto de la política como de la banca, así también con estrellas del espectáculo, y pude saber que muchas de esas personas vinieron de humilde cuna y en algunos casos de la horfandad, sin embargo, me dieron excelentes muestras de educación, gracia y cordialidad.

Jamás dudé que todas alcanzaron el éxito valiéndose en buena medida de la cortesía. Luego entonces debemos creer que la cortesía nos eleva y ayuda mucho para nuestra superación.

Había unos gemelos, quienes después de permanecer más de 30 meses dentro del vientre materno no venían al mundo, así que los observaron por el ultrasonido para saber la razón, y se vio que ambos ya sabían de la cortesía y mutuamente se daban el paso diciéndose:

—Pasa tú, hermanito...
—No, de ninguna manera, primero tú.

"La rutina es gorda, aburrida y fea."

¿Preocupaciones? ¡No!

Terminada la segunda guerra mundial, el entonces primer ministro de Inglaterra, Winston Churchill, exclamó con pesar: "De lo único que me arrepiento es de haberme preocupado por cosas que no sucedieron."

Ciertamente, ¿por qué preocuparse tanto? Las preocupaciones minan tu voluntad de luchar. ¡Deséchalas!

¿Cómo hacerlo? Reaccionando con entereza, porque si adoptamos actitud de pasividad, inmediatamente asomará la preocupación acompañada del temor y la duda y, como resultado, vendrá la angustia.

De modo que: Preocupación ¡No! Acción ¡Sí!

Pitágoras decía:

"La preocupación germina en la cuna de la ignorante pereza."

Esto quiere decir que si no hacemos nada, si nos mantenemos ociosos, prontamente aparecerá y crecerá la preocupación. Y si es negativo preocuparse por causas tal vez justificadas, peor lo es cuando nos inquietamos por asuntos baladíes; como el hombre preocupado al no conseguir un boleto para el fútbol, o la dama obsesionada por no encontrar determinada prenda de vestir. Ésas son tonterías, nimiedades sin importancia porque si no hay fútbol la vida no termina, como tampoco vendrá un terremoto si la mujer no consigue su vestido.

El marido no lograba conciliar el sueño y la esposa pregunta:

—¿Qué pasa, por qué no duermes?

—Estoy muy preocupado porque mañana tengo que pagarle al vecino 500 pesos y no los tengo

—¿Y eso es lo que no te deja dormir? espera...

Abre la mujer la ventana y grita al vecino que vive enfrente

—Oiga, ¿a usted le debe mi marido 500 pesos?

—Sí, señora.

—Pues no le va a pagar porque no tiene dinero.

Regresa la señora con el marido y le dice:

—Ya duérmete, ahora el preocupado es él.

Por regla general siempre que vamos a la cama con la intención de dormir, aparece la preocupación acompañada de negros pensamientos que consecuentemente nos provocan insomnio. Es difícil limpiar nuestra mente en tales momentos, pero intentemos hacerlo distrayéndonos con la lectura de un libro agradable ya sea de aventuras, ciencia ficción, historia, o una sencilla novela de amor. Yo lo hago cuando lo juzgo necesario, también escucho la radio y no me falla, quedo profundamente dormido.

Otra fórmula para alejar las preocupaciones nocturnas, es pensar que formamos parte de una tripulación espacial, o que estamos con un alegre grupo de amigos disfrutando las delicias del mar azul. Es decir, atraer cualquier pensamiento positivo a fin de evitarnos preocupaciones porque estas nos debilitan, a nada bueno conducen y nada vamos a resolver.

Debemos enseñarnos a conciliar el sueño para levantarnos al día siguiente descansados y poder organizarnos; únicamente así entraremos al combate diario sin miedo ni zozobra. ¡Sin preocupaciones!

Un día antes de ser intervenido quirúrgicamente, el paciente pregunta al cirujano:

—Doctor, ¿es peligrosa la operación?, estoy muy preocupado...

—Olvídese, de cada tres se me mueren dos, así que deje de preocuparse porque los dos de hoy ya murieron.

Me parece bien sugerir que recordemos la siguiente máxima:

"No te preocupes por lo que va a suceder mañana porque agregas 24 horas de angustia a tu pena."

Sí, deja de preocuparte tanto, mejor analiza tu problema y de un modo u otro hallarás la solución, pero, si no la hay, que venga la dificultad y ya veremos qué hacer. "Para qué te preocupas por los aguaceros de agosto si estamos en mayo."

Miles de personas pasan su vida angustiadas de tanto preocuparse y nada, absolutamente nada resuelven, sólo se atrofian y enferman.

Definitivamente hay una gran verdad en el axioma que reza: "La preocupación es un juicio que espera las pruebas."

Esta formidable sentencia nos está indicando claramente que hasta que no llegue el momento crítico, no debemos preocuparnos, implica también que existe la posibilidad de que no se presente nunca.

A lo largo de la historia, notables pensadores han dejado su filosofía en apoyo de nosotros: acertadas sentencias, excelentes frases, ¡libros completos escritos para ayudarnos a salir adelante dejando atras las preocupaciones!

Es válido preocuparse cuando un ser humano se encuentra delicado de salud; pero en tal caso debemos tener fe en Dios y confiar en los médicos a fin de no enfermar también nosotros.

Quizá vengan otras razones que justifiquen nuestra pena, por ejemplo el arresto indebido de un familiar o un amigo, o una deuda económica insalvable. Empero, la preocupación más grande no conseguirá resolver el problema sino agudizarlo más; en cambio si actuamos para buscar una oportuna solución nos dará mejor resultado.

Por otra parte, enseñémonos también a mirar hacia abajo y encontraremos entonces (sin caer en fatalismo), que otras personas están peor que nosotros y tratan de aliviar el sufrimiento con resignación o coraje.

Un proverbio chino dice así:

"Siempre me preocupé por no tener zapatos hasta que conocí a un hombre que no tenía pies."

Un hombre llega con el cura y le dice:

—Padre, estoy muy triste, gasté todo mi sueldo en una parranda y ya me cortaron la luz.

—No te preocupes, hijo, ahora te va a iluminar el Señor.

El entusiasmo

El entusiasmo puesto a todo lo que pensemos será la fuerza que impulsará nuestras aspiraciones para convertirlas en realidades.

No lo perdamos jamás; pongamos fervor e interés en todo cuanto ayude a superar y embellecer nuestras vidas. Sí, el entusiasmo hará más hermosos y productivos nuestros días en cualquier época, por mala que se presente.

Mantente siempre animado, en tu escuela, en el taller, en la oficina, en tu hogar y en tus descansos, Nunca pierdas la fe ni te muestres indiferente o frío; tú tienes mucha energía y fortaleza, dispón de la necesaria y evita que decaiga esa vivacidad que habrá de conducirte al triunfo.

El entusiasmo mantendrá tu espíritu jovial y alegre, sostenlo, acreciéntalo, agigántalo y ¡asegura una existencia jubilosa, positiva y fecunda!

Todos los seres victoriosos de la humanidad han sido y son personas entusiastas, pues entendieron que si carecían de este ímpetu podían derrumbarse y desaparecer.

Pregunta, investiga y hallarás que los acontecimientos más significativos y relevantes en la historia del hombre han sido decididos por el entusiasmo que en ello depositaron.

Fue con entusiasmo como el aviador estadunidense Charles A. Lindbergh alcanzó fama mundial después de cruzar por primera vez el Atlántico volando su pequeño aeroplano "Espíritu de San Luis", a finales de mayo de 1927

Con entusiasmo igualmente, el ruso Yuri Gagarin llegó a ser el primer astronauta del mundo al orbitar la Tierra en su cápsula espacial "Vostok I" en 1961.

Poniendo también todo su entusiasmo el argentino Juan Manuel Fangio ganó el Gran Prix automovilístico en 1954, 1955, 1956 y 1957, ¡cuatro años consecutivos!

Y asimismo, con entusiasmo, los más célebres y destacados hombres y mujeres distinguidos por la historia han logrado conquistar sus metas.

Un granjero llega de visita con su vecino y le dice:

Y termino sugiriéndote que cuando inicies algo, lo hagas con entusiasmo, ya verás que tu esfuerzo y dedicación pronto serán coronados y recompensados generosamente.

"El entusiasmo convierte nuestra fantasía en realidad"

"Triunfar es difícil, pero muy sabroso."

¡No te detengas!

¿Has comenzado a caminar por el sendero del éxito? ¡No te detengas!, pero recuerda que lo fácil no sirve, o dicho de otra forma: para conquistar el triunfo tendrás que librar arduas batallas; no obstante, saldrás satisfecho de ello.

Todo aquel que desea obtener un título como profesionista tiene que estudiar, ninguna satisfacción le dará lograrlo con artimañas y corruptelas, mejor recibirlo después de hacer la carrera cubriendo con excelencia cada materia; un diplomado ganado con esfuerzo y dedicación es un tesoro de inapreciable valor.

Igualmente en el amor, ¿qué satisfacción puede experimentar un joven si consigue que ella caiga en sus brazos a base de engaños? No, lo hermoso será luchar y conquistarla valiéndose de todo el romanticismo: flores, poemas, serenatas, etc., ganar así el amor de una dama es verdaderamente grato y válido.

Y en todas nuestras aspiraciones es lo mismo; debemos contender con el fin de hacerlas realidad con la seguridad de que cada objetivo será logrado a mayor o menor plazo, todo dependerá de nuestro ingenio y perseverancia.

El ilustre filósofo y literato francés, Voltaire, acuñó esta significativa frase: "Mi vida es un combate."

Y esto ha de ser constante en nosotros ¡un combate! No debemos detenernos si se trata de mejorar nuestras condiciones de vida, nada habrá de obstruir nuestro paso. Pensemos cómo avanzar y, mientras lo pensamos, sigamos caminando, pues la única manera de llegar a la meta es yendo siempre hacia adelante. La naturaleza nos ofrece dos formidables ejemplos de tesón y firmeza; uno de ellos es el del salmón que va contra la corriente del río sin detenerse, y el otro es el del milano que vuela oponiéndose al viento.

Así que adelante, ¡no te detengas!, ten la seguridad de que vas a llegar y llegarás, pues el hombre de temple y coraje no espera a que las circunstancias le sean favorables, por el contrario, se abre paso a través de cualquier impedimento, nada lo ataja ni lo inmoviliza.

Si hojeas un libro biográfico encontrarás decenas de pruebas referentes a lo que estoy afirmando. Un caso admirable de tenacidad, positivismo y confianza lo tenemos en Abraham Lincoln, quien por una parte estaba seguro del éxito y por otra no tenía miedo al fracaso. Este notable caballero alcanzó la presidencia de Estados Unidos a paso lento pero firme, jamás dio marcha atrás, nunca pensó en detenerse, ¡siempre adelante!

Ésta es la historia de una empeñosa tortuguita que se dispuso a escalar una empinada cuesta ya que no podía detenerse en su camino. Resulta que el animalito comenzó a subir haciendo un verdadero esfuerzo, subía y avanzaba sin detenerse, muy lentamente (al fin tortuga), pero con firmeza. Pasaron dos, tres, cuatro días y la tortuga continuaba ascendiendo lenta y trabajosamente hasta que por fin, después de una semana, a punto estaba de alcazar la cúspide cuando ¡zas!, que tropieza y cae rodando hasta abajo. Después de algunos esfuerzos consigue enderezarse y dice:

Bien, continúo para insistir en que no debemos detenernos en tanto vayamos por el camino que escogimos (pero con cuidado para no tropezar y caer), claro está que podemos descansar, pero no retroceder. Y cuando aparezcan la duda, la desesperanza o la fatiga, podremos combatirlas con esa poderosa arma llamada voluntad.

Y no olvidemos que únicamente superando un escollo se domina el siguiente, pues, precisamente cuando las dificultades aparecen, es cuando el ingenio se aviva para superarlas y vencerlas.

En la actualidad muchos jóvenes están preparándose para el futuro inmediato estudiando dos y hasta tres carreras, entendidos ya de que nada habrá de distraerlos para alcanzar la prosperidad; van caminando sin detenerse valiéndose de la perseverancia, el estudio y el talento.

Durante un patrullaje de reconocimiento un grupo de soldados es súbitamente detenido por el fuego enemigo, así que el teniente ordena a uno de sus hombres:

Se va el hombre y minutos después regresa para informar:

TENIENTE, NO HAY FORMA DE SEGUIR, EL ENEMIGO ESTÁ MUY BIEN FORTIFICADO, JAMÁS PODREMOS CONTINUAR LA MARCHA

¿QUÉ SUGIERE QUE HAGAMOS SOLDADO

NO SÉ, USTED TIENE QUE DECIRNOS CÓMO AVANZAR, INVENTE ALGO; PARA ESO ES TENIENTE, ESCRITOR, TIENE EL TALENTO Y EL MANDO.

Antes de poner punto final agregaré el siguiente pensamiento budista: "Persevera en tu empeño y hallarás lo que buscas. Prosigue tu camino sin desviarte y alcanzarás tu meta."

El vendedor campeón

"En ventas más vale trato que precio."

Me permití incluir en el presente trabajo este tema, considerando que, al fin y al cabo, ya lo sabemos:

"Todo gira alrededor de una venta."

Ahora bien; ¿cómo se hace un campeón vendedor?

Para lograr la "fabricación" de un vendedor extraordinario son indispensables los ingredientes siguientes:

150 gramos de excelente presentación.
150 gramos de puntualidad y paciencia.
150 gramos de preparación y eficiencia.
150 gramos de confianza y seguridad.
150 gramos de amabilidad y tacto.
150 gramos de voluntad y entusiasmo.

La suma de tan importantes componentes dará como resultado ¡alto poder para las ventas!

Por otra parte, los ingredientes indicados deberán combinarse adecuadamente, utilizarse razonablemente, renovarse oportunamente y fortalecerse constantemente a fin de mantener un funcionamiento ¡infalible!

Un vendedor llegó a la oficina de un atareado gerente y le dijo:

—Señor, le traigo una moderna máquina de computación.

—No necesito computadora.
—¿Acaso una para escribir?
—Tampoco.
—Bueno, tengo papel bond.
—No, señor, no lo necesito
—Entonces unos bolígrafos...

—¡No, lárguese, me va a matar del coraje!
—Bueno, entonces le vendo la caja y el servicio mortuorio.

"Un vendedor es tan necesario para una empresa, como la gasolina para un automóvil."

El dinero

Un licenciado comentaba a su colega:

Hace cientos de años, cuando terminó el comercio de mercaderías a base de trueque y aparecieron las primeras piezas denominadas dinero, los hombres comenzaron a codiciarlo a fin de acumularlo y tener poder, por lo cual se volvieron avaros e inhumanos, y esta mala actitud ha prevalecido hasta nuestros días; se continúa acumulando para medrar, esclavizar y especular. Empero, el dinero no debe ser especulativo sino creativo, debe servir, no estorbar, ser de utilidad, no dominante.

El dinero no es malo, es el hombre el que lo ha "endiablado" dándole un mal uso; el dinero es sólo una buena mercancía que, como otras, aumenta o disminuye su valor y que podemos adquirir para utilizarlo adecuadamente.

Las cosas se obtienen para usarlas y no para guardarlas; si adquirimos un aparato de televisión lo aprovechamos disfrutando los programas que más nos agraden, y el mismo ejemplo será para un equipo de sonido, un automóvil, una casa, alimentos, medicinas o cualesquier otra pertenencia; las obtenemos con la finalidad de que nos sirvan, nunca para tenerlas simplemente. Lo mismo debe ocurrir con el dinero, cuando lo poseamos debemos de emplearlo, no guardarlo por avaricia.

Una fábula de Esopo cuenta que un hombre escondía una gran pieza de oro abajo de un árbol y que diariamente iba, la desenterraba, la veía codiciosamente, la acariciaba y volvía a esconderla. Pero en cierta ocasión alguien observó lo que hacía y en la primera oportunidad cambió aquel oro por un trozo de barro. Al darse cuenta el avaro fue llorando por todas partes a contar su desgracia: ¡ya no tenía su piedra de oro, se la habían remplazado por barro! Entonces un anciano que lo escuchó le dijo sabiamente:

—No tienes razón para ponerte a llorar, si poseías ese oro únicamente para verlo y acariciarlo en vez de valerte de él para vivir bien, te servirá igualmente el barro que te dejaron, imagina que es oro y nada habrá cambiado en tu miserable existencia.

Con seguridad desde entonces viene la vieja sentencia que dice: "Dinero guardado no es más que papel viejo acumulado."

Bueno será que todos dispusiéramos de dinero considerando que es mejor repartir la riqueza que la pobreza y, asimismo, deberá sernos útil para conseguir lo que necesitamos o deseamos.

Por otra parte, la gente no debiera preocuparse por no tener dinero, en vez de esto, mejor sería que se esmerara para ganarlo, sabiendo que nada podemos hacer si no disponemos de una cantidad determinada para satisfacer cada una de nuestras necesidades.

Se dirá que antes del dinero están los valores espirituales y morales, ciertamente, estas virtudes son básicas para conservar bien, una sociedad sana; mas debemos de aceptar que la comunidad requiere de cosas y esas cosas se adquieren solamente con dinero. Evidentemente que en algunas circunstancias podemos contar con el apoyo de un amigo o familiar para salir de un escollo económico o para que nos libere de una situación angustiosa, pero ello será eventual, no eterno.

De tal forma, para no depender de una ayuda incierta en el momento de una apremiante dificultad, es fundamental que dispongamos del dinero suficiente con el cual podamos solventar obligaciones inmediatas y asegurar otra cantidad para protegernos de las venideras; en otras palabras: gastar y ahorrar.

Indudablemente que en épocas de crisis y con ingresos mínimos, es muy difícil guardar, pero entonces debemos de reflexionar, cuestionarnos y decidir: "O me limito en mis gastos o busco la forma de ganar más para poder ahorrar."

Los economistas aseguran que es posible ahorrar un 10 por ciento de lo que recibimos sin dañarnos, esto me parece prudente, si por ejemplo tenemos 10 pesos, no resultará gravoso utilizar nueve y guardar uno.

Pero, ¿cómo obtener suficiente dinero? bueno, pues en un sistema como el nuestro en el que cualquier actividad lícita es remunerada, todo mundo tiene la oportunidad de ganarlo ya sea en la industria, en el comercio, prestando un servicio posiblemente en las bellas artes, en el espectáculo, en fin, cada uno deberá de seleccionar el medio propio para obtener lo que ambiciona, saludablemente hablando. Hay quienes viven cómodamente siendo comerciantes, otros dedicándose a la industria, y también muchos profesionistas y técnicos gozan de magníficas retribuciones que les sirven para satisfacerse ampliamente.

Sin embargo en toda actividad que se realice será necesaria una buena preparación, lo cual significa que, estando bien preparados, tendremos la oportunidad de ganar dinero.

Luego, entonces, superémonos para entrar en acción y obtener los recursos económicos necesarios, no importa si después nos cae una lluvia de oro encima, ya encontraremos la manera de ser generosos y darle un buen uso. Pero, definitivamente, cualquier cantidad hemos de ganarla con honestidad, esfuerzo y talento, lo cual se consigue siendo mejores y más capaces.

EL DINERO VA Y VIENE, LO MALO ES QUE SE VA RÁPIDO

Y TARDA MUCHO EN VENIR

CUANDO YO TENÍA DINERO ME LLAMABAN DON TOMÁS, AHORA QUE NO TENGO NADA, ME DICEN TOMÁS, NO MÁS (TAMAYOGRAMA)

EL DINERO NO ES LA VIDA DIJO EL MUERTO

Si la salud vale más que el dinero, desde hoy pagaré mis deudas diciendo ¡salud!

¿Ustedes creen sinceramente que el dinero lo es todo en la vida? ¡Yo, sí!

Con dinero baila el perro, sin dinero bailo como perro.

Había una vez un hombre tan, pero tan avaro, que siempre escondía su dinero para evitar perderlo, así que el día que lo asaltaron no perdió más que la vida.

CON DINERO BAILA EL PERRO,
SIN DINERO BAILO COMO PERRO.

DINERO LLAMA DINERO,
DIJO DON SEVERO
EL USURERO.

Y también existió otro avaro que el día que sintió morir, pidió que lo sepultaran con todo su dinero y su viuda le cumplió; le puso en la caja un cheque al portador.

Si las guerras se ganan con dinero, acabemos ya con el dinero para acabar con las guerras.

EL QUE GASTA MÁS DINERO QUE EL QUE GANA, NO ES TONTO, ES MAGO

El dinero se hace para gastarse; yo sé gastarlo, ¿pero cómo se hace?

¿Cuánto tienes? cuánto vales, si tienes sólo vales, nada vales.

Tres cosas hay en la vida: ¡salud, dinero y amor! Entonces yo estoy muerto.

¡Dadme un punto de apoyo y moveré el mundo! —Galileo.

¡Dadme mucho dinero y yo también lo muevo! —Un limosnero.

Breves y concisos

El excelente humorista uruguayo Juan Verdaguer iniciaba su monólogo de una manera muy simpática; entraba al escenario y decía:

—Hay un antiguo refrán que indica: "lo bueno, si es breve, es doblemente bueno, así que con permiso y hasta pronto".

Acto seguido salía del escenario para regresar de inmediato en medio de sonoras carcajadas.

Y esto es definitivo: si una persona desea la superación, tendrá que observar constantemente puntualidad, honradez y brevedad en toda relación que establezca.

Ejemplos de lo impactante y efectivo que resulta el ser breve, son los proverbios que sabiamente se han expresado en el mundo durante toda la historia.

Sí, debemos de ser breves y concisos en nuestros asuntos, hablar poco y decir mucho, no hablar mucho y decir poco; hablar poco y bien convencerá más que un discurso largo y sin contenido. En la actualidad, la asistencia de personas a los mítines políticos es escasa, pues saben que los oradores son tediosos, en cambio van gustosas a cualquier reunión en donde la brevedad es evidente.

Muchos diarios importantes han dejado de circular a causa de la extensión en sus escritos, porque ya resultan fuera de época y tediosos.

Si razonamos un poco encontraremos que un epigrama de apenas 10 palabras resulta más penetrante que todo un editorial.

Una tarjeta de felicitación con pocas palabras pero sustanciales e ingeniosas impresionará más que una larga y aburrida carta de amor o buenos deseos (con algunas excepciones, claro). Igualmente una de negocios, toda vez que un ejecutivo no tiene tiempo para leer mensajes kilométricos.

Éste es un ejemplo referente a lo conciso; se trata del chiste más breve que conozco y dice así: "Había una vez...truz."

Es tan eficaz la brevedad que debido a ello todos sabemos de memoria el Padre Nuestro ya que apenas contiene sesenta palabras, en cambio poco entendemos de la Biblia que abarca... ¡ 35 743 905 ! Bueno sería también que la Constitución mexicana fuese breve y no incluyera la enorme cantidad de 17 893 476 palabras (la original).

Un primer mandatario se presenta ante los diputados en la Cámara y aclara:

—Honorable Congreso de la Unión, este último informe será muy breve, únicamente diré cuatro palabras: "lo que entró, salió."

Así que, amigo lector, si deseas funcionar mejor, tienes que aprender a ser breve y conciso, recuerda esta sentencia: "Nuestras palabras equivalen a rayos de sol: cuanto más concentrados queman más."

En cierta ocasión llegó ante un destacado hombre de empresa el representante de otra compañía y, dada la insistencia de éste, el empresario lo recibió advirtiéndole:

—Escuche, estoy sumamente ocupado, le suplico que sea breve y me diga en dos palabras qué quiere.

—¡Firme aquí!

"La brevedad es el alma del ingenio." —Shakespeare.

¡Adáptate al cambio!

Un refrán popular implica una sentencia que debe sernos de inmediata aceptación: ¡Renovarse o morir!

Esto es definitivo; o nos renovamos y adaptamos a los formidables cambios que se están dando, o sucumbimos en el fracaso para morir moral, económica y físicamente.

Todo, absolutamente todo, se reforma aceleradamente, nada queda pendiente ni rezagado.

A partir de la segunda mitad del siglo XX, la humanidad se ha visto constantemente sorprendida por tantas transformaciones sociales y económicas, y por los increíbles avances en la ciencia y la tecnología. Estos cambios se han sucedido tan rápidos y violentos, que en ocasiones se pierde la capacidad de asombro.

Diversos países han tenido que alterar su geografía, merced a la caída de regímenes políticos que no supieron, o no quisieron, ajustarse a la dinámica realidad que estamos viviendo.

En los círculos financieron las monedas han sufrido severas variaciones, tanto en sus tipos y formas como en sus equivalencias, a fin de ajustarse también a los nuevos tiempos.

En el medio comercial igualmente todo va renovándose, y las naciones se han visto precisadas a buscar intercambios creando modernos y ágiles sistemas para internacionalizar sus productos, lo que ha resultado en una globalización de la economía y, consecuentemente, los países que no se han actualizado se encuentran luchando desesperadamente para salvar su comercio, sus ingresos, ¡su existencia misma!

La competencia es reñida porque los cambios son audaces, hay que salvarse y estar listos para el inmediato siglo XXI considerando que: ¡el futuro no es de los que esperan sino de los que se preparan!

Escuelas y universidades actualizan cotidianamente sus sistemas de enseñanza previendo el inmediato porvenir. Nada queda atrás ni debe quedar a la zaga porque prontamente se descontinúa, se avejenta y ya no sirve. La actualidad es palpitante, todo se mueve; la modernización es total, absoluta y constante.

Un vendedor afirmaba a su posible cliente:

Los avances en ciencia y tecnología son inconcebibles, en la cibernética y la electrónica el progreso ha sido excepcional y fabuloso: satélites de investigación y comunicación espaciales, naves tripuladas al cosmos, aviones supersónicos, trenes bala, computación, robotización, celulares, microondas, prodigiosos instrumentos para la cirugía, medicamentos milagrosos y centenares más de maravillosos inventos que lo activan y actualizan todo, resolviéndolo eficaz y oportunamente para beneficio de la humanidad. No obstante, millares de personas se mantienen a la expectativa, quietas, estáticas, no hacen nada, ni siquiera para sí mismas; no saben lo que está sucediendo o, peor todavía, lo saben y no les importa.

Pero debemos reflexionar y comprender que si no empeza-
mos inmediatamente a buscar nuestro medio de acción, cae-
remos estrepitosamente al vacío y nada habrá de salvarnos.

Es urgente, pues, iniciar nuestra superación y adaptarnos
al paso que camina todo; no permanecer conformes porque
corremos el riesgo de ser rebasados por los cambios y quedar
eliminados para siempre.

He aquí unas buenas preguntas:

¿Estas conforme con tu actual situación? ¿Estás haciendo
algo para salir adelante? ¿Estás previniéndote para lo que viene? ¿Tienes seguridad en tu futuro económico? ¿Qué vas a hacer
para salir de la trampa que te puso el progreso? ¿Estás decidido
a prepararte a fin de entrar capacitado al siglo XXI?

Si no es así reflexiona, recapacita y entiende que el futuro
es hoy y que debes de empezar ¡ya!

Un empresario pregunta a su bella secretaria, que a la vez
es su esposa:

¿Ya lo ven? todo está actualizado; así que invito a la juventud, a esa inquieta juventud que suele ser poderoso motor capaz de realizarlo todo, a que se esfuerce y haga lo que tiene que hacer: estudiar, estudiar y estudiar para que pueda realizar sus sueños y sea útil a las generaciones por venir.

Me parece bien recordar este proverbio: "Si crees que tu situación es difícil piensa dos veces lo que vas a hacer, y si crees que es fácil, piénsalo tres veces."

Había un mensaje en una contestadora automática que decía:

—¡Hola!, soy el 279 7223, no tardo, dejar recado.

Contestación:

—¡Hola!, 279 7223, te llamó el 635 3866 para decirte que el 761 2268 insistió en que llamaras al 852 3344 y que le avises si puedes ir a cenar con él y con la del 660 4324. Nos agradaría que asistieras, avisa al 579 0001 si vendrás. Gracias.

Bueno, amigos mios, si anhelan una vida digna y placentera deben empezar a organizarse...¡antes!, porque los cambios aquí están.

Conclusión

Deseo fervientemente que los conceptos aquí vertidos te hayan resultado agradables y puedan serte útiles para un mejor desarrollo en tu ambiente.

Sé que en muchos momentos nuestra mente se encuentra confusa y nos sentimos débiles o desorientados, confío entonces en que los argumentos precedentes ayuden de alguna manera a fortalecer tu ánimo y encuentres los elementos y el camino adecuado para salir adelante y logres finalmente lo que tanto anhelas.

No he pretendido ni deseado ser un maestro del éxito, únicamente confío en que lo expuesto tan llanamente en estas páginas te sirva en menor o mayor grado para superarte más, toda vez que lo redacté con el corazón en la mano y pensando nada más en el bienestar de la juventud, puesto que yo alguna vez también fui joven y entiendo de las angustias, dudas y ambiciones que se tienen en esta edad.

No hay en estas ideas una verdad absoluta, sólo proposiciones y sugerencias sinceras y, abusando de tu paciencia ofrezco una más: no malgastes tu energía en diversiones insanas ni despilfarres el producto de tu trabajo en cosas superfluas; mantente firme y vigilante en todo lo que claramente se aprecia bueno y productivo.

Y recuerda que la superación personal es el resultado de varios factores importantes, siendo algunos de ellos: la vocación, la preparación. la voluntad, la honestidad, la puntualidad, la perseverancia y, si te es dado, el talento.

Finalmente, recomiendo siempre amar y tener fe en Dios.

ESTA EDICIÓN SE TERMINÓ DE IMPRIMIR EN LITOGRÁFICA PIRÁMIDE S.A DE C.V.
VIDAL ALCOCER #56, COL. CENTRO C.P. 06020 MÉXICO D.F. TELS: 5704 3827 • 5704 6175